Thomas Herzberger

Konsistenz und Integrität in Workflows als Kontrollme
Änderungen

Bibliografische Information der Deutschen Nationalbibliothek:

Bibliografische Information der Deutschen Nationalbibliothek: Die Deutsche Bibliothek verzeichnet diese Publikation in der Deutschen Nationalbibliografie; detaillierte bibliografische Daten sind im Internet über http://dnb.d-nb.de/ abrufbar.

Copyright © 1999 Diplomica Verlag GmbH
Druck und Bindung: Books on Demand GmbH, Norderstedt Germany
ISBN: 9783838619361

http://www.diplom.de/e-book/217780/konsistenz-und-integritaet-in-workflows-als-kontrollmechanismen-dynamischer

Thomas Herzberger

Konsistenz und Integrität in Workflows als Kontrollme-chanismen dynamischer Änderungen

Diplom.de

Thomas Herzberger

Konsistenz und Integrität in Workflows als Kontrollmechanismen dynamischer Änderungen

Diplomarbeit
an der Universität Stuttgart
Fakultät für Informatitk
Prüfer Prof. Dr. rer. nat. K. Rothermel
Institut für Parallele und Verteilte Höchstleistungsrechner
6 Monate Bearbeitungsdauer
Mai 1999 Abgabe

Diplomarbeiten Agentur
Dipl. Kfm. Dipl. Hdl. Björn Bedey
Dipl. Wi.-Ing. Martin Haschke
und Guido Meyer GbR

Hermannstal 119 k
22119 Hamburg

agentur@diplom.de
www.diplom.de

ID 1936
Herzberger, Thomas: Konsistenz und Integrität in Workflows als Kontrollmechanismen
dynamischer Änderungen / Thomas Herzberger · Hamburg: Diplomarbeiten Agentur,
1999
Zugl.: Stuttgart, Universität, Diplom, 1999

Dipl. Kfm. Dipl. Hdl. Björn Bedey, Dipl. Wi.-Ing. Martin Haschke & Guido Meyer GbR
Diplomarbeiten Agentur, http://www.diplom.de, Hamburg
Printed in Germany

Diplomarbeiten Agentur

Wissensquellen gewinnbringend nutzen

Qualität, Praxisrelevanz und Aktualität zeichnen unsere Studien aus. Wir bieten Ihnen im Auftrag unserer Autorinnen und Autoren Wirtschaftsstudien und wissenschaftliche Abschlussarbeiten – Dissertationen, Diplomarbeiten, Magisterarbeiten, Staatsexamensarbeiten und Studienarbeiten zum Kauf. Sie wurden an deutschen Universitäten, Fachhochschulen, Akademien oder vergleichbaren Institutionen der Europäischen Union geschrieben. Der Notendurchschnitt liegt bei 1,5.

Wettbewerbsvorteile verschaffen – Vergleichen Sie den Preis unserer Studien mit den Honoraren externer Berater. Um dieses Wissen selbst zusammenzutragen, müssten Sie viel Zeit und Geld aufbringen.

http://www.diplom.de bietet Ihnen unser vollständiges Lieferprogramm mit mehreren tausend Studien im Internet. Neben dem Online-Katalog und der Online-Suchmaschine für Ihre Recherche steht Ihnen auch eine Online-Bestellfunktion zur Verfügung. Inhaltliche Zusammenfassungen und Inhaltsverzeichnisse zu jeder Studie sind im Internet einsehbar.

Individueller Service – Gerne senden wir Ihnen auch unseren Papierkatalog zu. Bitte fordern Sie Ihr individuelles Exemplar bei uns an. Für Fragen, Anregungen und individuelle Anfragen stehen wir Ihnen gerne zur Verfügung. Wir freuen uns auf eine gute Zusammenarbeit

Ihr Team der *Diplomarbeiten* Agentur

Dipl. Kfm. Dipl. Hdl. Björn Bedey —
Dipl. Wi.-Ing. Martin Haschke ——
und Guido Meyer GbR ————

Hermannstal 119 k ————
22119 Hamburg ————

Fon: 040 / 655 99 20 ————
Fax: 040 / 655 99 222 ————

agentur@diplom.de ————
www.diplom.de ————

Inhaltsverzeichnis

Erklärung

1   Einführung

1.1   Problemstellung

Workflow-Management zielt auf eine kontrollierte, systemgesteuerte Ausführung von Geschäftsprozessen hin [Jabl95]. Geschäftsvorgänge der Einsatzumgebung müssen hierzu analysiert und in einer vom Workflow-Management-System interpretierbaren formalen Sprache modelliert werden, um von diesem ausgeführt werden zu können.

Derzeitige Systeme schreiben meist immer noch eine strikte zeitliche Trennung und Abfolge der Modellierung und der Ausführung[1] vor, was auf die Ursprünge der Entwicklung von Workflow-Management und deren Motivation zurückgeht: Bereits in den siebziger Jahren wurde die Automatisierung von Geschäftvorgängen als eines der wichtigsten Ziele im Bürobereich (Banken, Versicherungen, Verwaltungen, ...) angesehen [Wede88]. Die Entwicklung und der verstärkte Einsatz in diesen Umgebungen resultieren daraus, daß diese Prozesse meist stark strukturierbar und exakt definierbar sind, wodurch sie für die Ausführung durch eine automatische Vorgangssteuerung prädestiniert sind.

Versuche, Workflow-Management-Systeme auch in anderen Bereichen zur Ausführung von Geschäftsprozessen einzusetzen, stoßen auf die Schwierigkeit, daß viele Prozesse nicht vollständig stukturiert sind. Zwischen strukturierten und unstrukturierten Prozessen gibt es einen fließenden Übergang [NasHil94]. Demnach enthält eine Vielzahl von Prozessen strukturierte wie auch unstukturierte Anteile. Dies bedingt, daß diese nur mit erheblichem Mehraufwand oder im schlimmsten Fall unvollständig oder überhaupt nicht modelliert werden können, da bei Behandlung aller bekannten Ausnahmesituationen sich die Modellierung zu teuer und unübersichtlich gestalten würde.

Ferner können auch bei der Ausführung eines völlig strukturierten Workflows unvorhergesehene Ausnahme- oder Fehlersituationen auftreten, beispielsweise können sich Rahmenbedingungen ändern, die noch während der Modellierungsphase als feste Größe angesehen wurden. Denkbar wäre auch, daß sich Teile der Modellierung des Geschäftsprozesses bei der Ausführung einfach als falsch oder unzweckmäßig herausstellen.

---

[1]Beispielhaft sei hier auf die Arbeit [LeAl94] verwiesen, in der diese Trennung vorgeschrieben wird.

Zu hoher Modellierungsaufwand wie auch unvollständiges oder inkorrektes Wissen bezüglich der Geschäftsprozesse erklären, warum der sinnvolle Einsatz herkömmlicher Workflow-Management-Systeme schnell mit dem Anteil unstrukturierter Anteile in Geschäftsprozessen abnimmt. Je größer die Diskrepanz zwischen der Workflow-Beschreibung, die einer Workflow-Instanz[1] zugrunde liegt, und dem real benötigten Workflow wird, umso mehr Prozeßanteile müssen außerhalb der Kontrolle des Systems ausgeführt werden. Dies ist aber ein Widerspruch zur Motivation des Einsatzes von Workflow-Management-Systemen, die beispielsweise in einer Überwachung des Prozessfortschritts liegt.

Für Workflow-Management-Systeme ergeben sich somit die Anforderungen nach Flexibilität und Anpassungsfähigkeit.

Durch flexible Modellierung können manuelle Anpassungen vermieden oder zumindest minimiert werden. Hierfür ist eine möglichst mächtige Workflow-Beschreibung mit entsprechender Ausführungskomponente nötig, mit der zur Modellierungszeit bekannte Ausnahmefälle einfacher abgedeckt werden können [Sieb97]. Dies kann durch den Einsatz deskriptiver Kontrollkonstrukte erfolgen. Als Beispiel sei hier die "Reihe" genannt, mit der sich beschreiben läßt, daß n Aktivitäten in beliebiger Reihenfolge, aber sequentiell ausgeführt werden sollen. Mit herkömmlicher präskriptiver Modellierung müßten alle n! möglichen Ausführungsmöglichkeiten explitzit modelliert werden.

Auch durch eine noch so flexible Modellierung können unvorhersehbare Abweichungen zwischen der Ist-Beschreibung eines bereits laufenden Workflows und der Soll-Beschreibung nicht verhindert werden. Eine echte Lösung der Problematik kann somit nur in der Aufbrechung der strikten klassischen Trennung von Modellierungs- und Ausführungsphase liegen. Sind auch noch während der Ausführung eines Workflows Modifikationen an seiner Beschreibung möglich, kann auf Fehlersituationen entsprechend reagiert oder können unstrukturierte Anteile aus- bzw. remodelliert werden. Dabei sollten sich Änderungen nicht nur auf die Beeinflussung des Ausführungsverhaltens beschränken. Vielmehr müssen alle Aspekte geändert werden können, die die Eigenschaften und Abhängigkeiten eines Workflows beschreiben.

·

---

[1] Eine Workflow-Instanz ist ein konkreter Workflow, der auf Basis einer Workflow-Beschreibung durch das Workflow-Management-System ausgeführt wird.

Manuelle Anpassungen an Workflows bieten nun einerseits die Möglichkeit, die Differenz zwischen Ist- und Soll-Beschreibung eines Workflows zu minimieren; andererseits bergen sie aber auch die Gefahr, diese Differenz noch zu vergrößern. Da zunächst prinzipiell alle Personen, die an der Ausführung des Workflows beteiligt sind, Änderungen durchführen können sollen, kann dies beispielsweise durch Unwissenheit, Fehleinschätzung oder Vorsatz geschehen. Anpassungen müssen somit rechtlich eingeschränkt, auf ihre Auswirkungen hin kontrolliert und gegebenenfalls eingeschränkt werden können, um die Zielerfüllung des Workflow nicht zu gefährden.

Im Rahmen dieser Arbeit ist zu untersuchen, wie das flexible Workflow-Modell SWATS erweitert werden kann, um Anpassungen geeignet einschränken zu können. Dabei ist zu überprüfen, inwieweit die Begriffe Konsistenz und Integrität aus anderen Forschungs- und Anwendungsbereichen auf Workflow-Management übertragen werden können.

Im Zusammenspiel mit Konsistenzbedingungen und Anpassungsrechten sind Mechanismen zu entwickeln, mit denen diese Einschränkungen modelliert werden können. Während der Ausführung müssen sie dann überprüfbar sein, insbesondere um die Zuverlässigkeit von Anpassungen in geeigneter Weise kontrollieren zu können.

1.2   Umfeld der Arbeit

PoliFlow ist eines von vier Forschungsprojekten, die im Rahmen der Förderinitiative POLIKOM vom Bundesministerium für Bildung und Forschung unterstützt werden. Die Förderinitiative wurde anläßlich des Beschlusses des Deutschen Bundestages, Regierungsfunktionen auf Bonn und Berlin zu verteilen, ins Leben gerufen. Durch die Förderinitiative werden grundlegende technische Lösungen entwickelt, Vorgänge in der öffentlichen Verwaltung auch bei räumlich weit verteilten Einrichtungen effizient zu unterstützen. Dabei soll durch den Einsatz von Workflow-Management-Systemen die Koordination und Ausführung der Aufgaben unterstützt und die Qualität der Vorgänge gesteigert werden.

Das Verbundprojekt Poliflow befaßt sich mit der zuverlässigen und sicheren Vorgangsbearbeitung für weit verteilte Anwendungsumgebungen unter Berücksichtigung gemischter Arbeitsformen. Hierfür wird eine Lösung entwickelt, bei der verschiedene innovative Technologien, wie Workflow-Management, Groupware oder Telekooperationsdienste über Intra- und Internet integriert werden.

Im Forschungsschwerpunkt "Anpassungsfähige Workflow-Systeme" (AWS) werden Konzepte entwickelt und umgesetzt, die den Einsatz von flexiblen und anpassungsfähigen Workflows ermöglichen. Die Ergebnisse fliessen in das Stuttgarter Workflow- und Telekooperations-System (SWATS) ein, das am Institut für Parallele und Verteilte Höchstleistungsrecher (IPVR) anhand dieser weiterentwickelt wird. Zu den Projektpartnern gehören neben dem Institut für Arbeitswissenschaften und Technologiemanagement (IAT) der Universität Stuttgart die Hewlett-Packard GmbH sowie die Oberfinanzdirektion Berlin als Anwender [Poli97].

1.3 Vorgehen

Im folgenden Kapitel sollen zunächst kurz anerkannte Anforderungen an Workflow-Management-Systeme und -Modelle vorgestellt werden, da sie bei der Entwicklung der Konzepte zur Kontrolle von Anpassungen nicht außer acht gelassen werden dürfen. Die Untersuchungen einiger Anwendungsfälle sowie eine kurze Vorstellung des zu erweiternden flexiblen Workflow-Modells ergeben zusätzliche Einflußgrössen, die im weiteren Vorgehen zu berücksichtigen sind.

In Kapitel 3 werden die Begriffe Konsistenz und Integrität genauer hinsichtlich ihrer Einordnung in die Workflow-Management-Thematik untersucht. Hierzu werden Konzepte aus verwandten Forschungsgebieten der Informations- und Datenbanksysteme übertragen. Diese sollen zur Konzeption und Spezifikation geeigneter Kontrollmechanismen zur Einschränkung von Workflow-Anpassungen verwendet werden. Dabei sollen nötige Erweiterungen des Workflow-Modells auch hinsichtlich der Rechtevergabe unter Berücksichtigung der erarbeiteten Anforderungen spezifiziert werden.

In Kapitel 4 werden die dynamischen Aspekte der Anpassungskontrolle behandelt. Einem Entwurf der Kontrollkomponenten zur Umsetzung der erarbeiteten Kontrollmechanismen gehen Untersuchungen zu geeigneten Sperrmechanismen und Erweiterungen des Anpassungsdientes voraus.

In Kapitel 5 folgt eine Zusammenfassung der Arbeit.

2   Anforderungen

Im diesem Kapitel sollen alle Einflußgrössen, die im weiteren Vorgehen zu berücksichtigen sind, vorgestellt werden. Ziel ist es, neben allgemeinen Anforderungen an Workflow-Management-Systeme vor allem Anforderungen an anpasssungsfähige Workflow-Management-Systeme und -Modelle zu erarbeiten. Hierzu werden einige Anwendungsfälle für Anpassungen untersucht, die in späteren Teilen der Arbeit als Referenzfälle auch zur Validierung der erhaltenen Ergebnisse dienen. Abschließend werden das zu erweiternde Workflow-Modell und die Architektur des Workflow-Management-Systems als weitere zu berücksichtigende Anforderungen für Spezifikation und Entwurf der vorzunehmenden Erweiterungen untersucht und vorgestellt.

2.1   Anforderungen an Workflow-Modelle und Workflow-Management-Systeme

2.1.1   Anforderungen an Workflow-Modelle

Jablonski unterscheidet zwei "Softwareprodukte" im Bereich Workflow-Management: das Workflow-Modell und das Workflow-Management-System [Jabl95]. Auf das Workflow-Modell wendet er die im Sinne von Meyer formulierten Qualitätsfaktoren für Softwareprodukte an [Meye88]. Neben Korrektheit, Robustheit, Erweiterbarkeit, Wiederverwendbarkeit und Kompatibilität nennt Meyer die Faktoren Effizienz, Portabilität, Verifizierbarkeit, Integrität und Benutzerfreundlichkeit. Er bezeichnet jedoch den internen Qualitätsfaktor Modularität als fundamentale Voraussetzung für die Realisierung der zuerst genannten Faktoren.

Modularität

Meyer stellt Qualitätskriterien auf, anhand derer die Modularität eines Softwareprodukts gemessen werden kann. Diese interpretiert Jablonski im Kontext eines Workflow-Modells [Jabl95]:

Modulare Dekomposition. Das Workflowmodell erlaubt es, Teilaspekte einer Workflow-Beschreibung separat zu untersuchen.

Modulare Komposition. Elemente des Modells können frei zusammengesetzt werden, um neue Sachverhalte zu beschreiben.

Modulare Verständlichkeit. Teilaspekte eines Modells können unabhängig voneinander verstanden werden.

Modulare Kontinuität. (Kleine) Modifikationen einer Problembeschreibung werden durch (überschaubare) Änderungen in der korrespondierenden Workflow-Beschreibung reflektiert.

Modulare Fehlerbegrenzung. Fehlerhafte Spezifikationen von Teilaspekten des Workflow-Modells resultieren höchstens im abnormalen Verhalten der diese Teilaspekte realisierenden Module.

Entsprechend der Modellierung von Softwareprozessen besteht ein Ansatz, den Kriterien für Modularität des Workflow-Modells gerecht zu werden darin, das Modell anhand verschiedener Sichtweisen zu beschreiben. Unter der Annahme, daß diese Sichtweisen weitestgehend orthogonal zueinander sind, hat man einen gewissen Grad an Modularität erreicht. Die Sichtweisen von Workflow-Modellen, auch Aspekte genannt, werden nachfolgend kurz eingeführt.

Funktionaler Aspekt

Dieser Aspekt beschreibt *was* ausgeführt wird, also welche einzelnen Aufgaben innerhalb eines Workflows zu erledigen sind. Hier werden logische, für sich abgeschlossene Verarbeitungseinheiten definiert.

Da Workflows entsprechend Softwareprozessen eine geschachtelte Struktur aufweisen, müssen Workflow-Management-Systeme in der Lage sein, Workflows und deren Kompositionen zu verwalten. Das Workflow-Modell soll nach Jablonski einen hierarchischen Aufbau zeigen, der folgende Elemente enthält [Jabl95]:

Subworkflow. Workflow, der in anderen Workflows wiederverwendet wird.

Superworkflow. Workflow, der anderen Workflows übergeordnet sind.

Elementarer Workflow. Workflow, der keine weiteren Workflows enthält; auch Aktivität genannt. Dieser implementiert die Anbindung an Applikationen, die die eigentliche Funktionalität des Workflows realisieren.

Kompositer Workflow. Workflow, der weitere (Sub-)Workflows enthält.

Toplevel-Workflow. Workflow, dem kein weiterer übergeordnet ist.

Der Forderung nach Wiederverwendbarkeit nachkommend, sollte im Workflow-Modell nur spezifiziert werden, ob ein Workflow elementar oder komposit ist. Dadurch kann ein und derselbe komposite Workflow je nach Verwendung oder Betrachtungsweise die Rolle eines Sub-, Super- oder Toplevel-Workflows einnehmen.

Verhaltensaspekt

Dieser Aspekt beschreibt das *Wann* der Ausführung einer logischen Verarbeitungseinheit. Zusammen mit dem funktionalen Aspekt beschreibt es den Kontrollfluß des Workflows, dabei sollen möglichst ausdrucksfähige Spezifikationsmöglichkeiten für den Kontrollfluß bestehen.

Informationsaspekt

Dieser Aspekt kann in die zwei Bereiche 'Datendefinition' und 'Datenfluß' unterteilt werden. Per Datendefinition wird modelliert, welche Daten innerhalb einer Workflow-Umgebung anfallen. Diese lassen sich in drei Kategorien einteilen:

Applikationsdaten. Sie befinden sich in der Kontrollsphäre externer Applikationen, sie werden nur von diesen produziert und konsumiert. Sie existieren auch ohne daß ein Workflow-Management-System eingesetzt wird.

Workflow-Kontrolldaten. Diese befinden sich allein in der Kontrollsphäre des Workflow-Management-Systems. Sie werden für die Ausführung und Steuerung des Ablaufs von Workflows benötigt.

Workflow-relevante Applikationsdaten. Dies sind Daten, die für externe Applikation wie für die Ausführung des Workflows sind. Sie werden vom Workflow-Management-System produziert und kontrolliert, werden aber mit externen Applikationen ausgetauscht.

Der Datenfluß legt den Austausch der Daten zwischen den logischen Arbeitseinheiten, zwischen Subworkflows und den Applikationen fest. Hierzu muß Typkompatibiltät gewährleistet sein.

Organisationsaspekt

Unter diesem Aspekt wird beschrieben *wer* eine logische Arbeitseinheit ausführt. Hierzu müssen dem Workflow-Management-System die Aufbauorganisation seiner Einsatzumgebung bekannt sein oder über einen entsprechenden Dienst zur Verfügung gestellt werden. Die Aufbauorganisation setzt sich aus der Organisationsstruktur und der organisatorischen Population zusammen. Die Struktur beschreibt den Aufbau einer Organisation; die Population setzt sich aus deren Mitarbeitern zusammen.

Ein Workflow-Management-System darf nicht auf eine bestimmte Organisationsform ausgerichtet sein, um nicht auf den Einsatz in Umgebungen mit genau diesen Strukturen eingeschränkt zu sein. Daher müssen in einem Workflow-Modell lediglich organisatorische Objekte und organisatorische Beziehungen angeboten werden. Wenn sie frei kombinierbar sind, lassen sich beliebige Organisationsformen beschreiben.

Auf Basis dieser Organisationsverwaltung kann das Workflow-Management-System eine geeignete Auswahl von Agenten treffen, denen eine Arbeitseinheit zugewiesen wird. Ein Agent kann hierbei ein Mitglied der Organisationspopulation oder eine Applikation sein, die automatisch ausgeführt wird.

Operationaler Aspekt

Dieser Aspekt beschreibt das *Wie* der Ausführung der logischen Verarbeitungsschritte. Dies erfolgt durch Spezifikation externer Applikatonen und deren Zuordnung zu logischen Verarbeitungseinheiten. Hierzu müssen Ein- und Ausgabeparamter sowie Einschränkungen auf das zeitliche Verhalten der Ausführung beschrieben werden können. Ein Workflow-Management-System sollte eine Vielzahl verschiedener Applikationsprogramme unterstützen.

Die Funktionalität der fünf genannten Aspekte muß von jedem Workflow-Management-System in irgendeiner Form bewerkstelligt werden und deshalb anhand des Workflow-Modells beschreibbar sein. Die Modularität des Ansatzes ermöglicht allerdings Erweiterungen. Durch die aspektorientierte Sichtweise können jederzeit neue problemspezifische Aspekte hinzugenommen werden. Neu eingeführte Aspekte müssen dabei möglichst orthogonal im Sinne spezifizierter Kriterien sein, um Modularität als Prämisse zur Realisierung der von Meyer genannten Qualitätsfaktoren zu erreichen bzw. zu bewahren.

2.1.2   Anforderungen an Workflow-Management-Systeme

Innerhalb des Software-Engineerings wird zwischen funktionalen und nichtfunktionalen Anforderungen unterschieden. Dabei beschreiben die funktionalen Anforderungen die angebotenen Dienste eines Systems und dessen Reaktion auf Eingaben. Die nichtfunktionalen Anforderungen stellen Bedingungen an die Funktionsausführung [PagSix94].

Funktionale Anforderungen

Die funktionalen Anforderungen im Bereich Workflow-Management lassen sich in zwei Bereiche aufteilen:

Zum einen können funktionale Anforderungen an das Workflow-Modell gestellt werden, da das Modell als Schnittstelle zwischen Modellierer und System interpretiert werden kann und dessen Ausprägungen maßgeblich die Reaktion des Systems beeinflussen. Die Anfordungen an das Modell wurden bereits im vorherigen Unterkapitel "Anforderungen an Workflow-Modelle" auf Seite 6 entworfen.

Zum anderen können funktionale Anforderungen an Workflow-Management-Systeme bezüglich der Modellierung und Ausführung von Workflows fomuliert werden. Workflow-Management-Systeme sind hochgradig interaktiv. Die Bereitstellung entsprechender Benutzerschnittstellen ist somit eine wichtige funktionale Anforderung. Bei der Entwicklung dieser ist zu berücksichtigen, daß verschiedene Benutzerkreise mit unterschiedlichen Erwartungen, Kenntnissen, Aufgaben und Verantwortlichkeiten mit dem System interagieren. Es lassen sich drei Klassen von Benutzerschnittstellen identifizieren [Jab. et al. 97]:

Die Entwicklerschnittstelle

Diese dient dem Entwickler während der Modellierungsphase zur Analyse der Arbeitsabläufe und Eingabe deren entsprechender Workflow-Schemata[1]. Hierfür ist eine Schnittstelle nötig, die eine textuelle, wenn möglich graphische Darstellung und Bearbeitung von Workflows zuläßt. Hierbei hat das System die formale Korrektheit der Schemata sicherzustellen. Von die-

---

[1]Ein Workflow-Schema ist ein in einer konkreten Workflow-Sprache modellierter Workflow, oft auch Workflow-Definition oder Prozeßdefinition genannt.
In dieser Arbeit wird, um Verwechslungen zu vermeiden, Workflow-Modell synonym nur mit Workflow-Sprache verwendet, nicht aber mit Workflow-Schema, wie es in anderen Arbeiten oft geschieht. Ein und derselbe (noch nicht beschriebene) konkrete Workflow besitzt für unterschiedliche Workflow-Modelle unterschiedliche Workflow-Schemata.

ser Schnittstelle sollten zusätzlich Werkzeuge zur Durchführung von Optimierungsanalysen, Verwaltung von Workflow-Schemata und Aufbauorganisation sowie zum Aufbau von Schnittstellen zu externen Systemen bereitgestellt werden.

Die Anwenderschnittstelle

Über diese Schnittstelle erhalten Anwender anfallende Arbeiten. Hierbei ist das zentrale Schnittstellenobjekt die Arbeitsliste. In dieser werden die zu erledigenden Aktivitäten der Workflow-Instanzen mit allen notwendigen Informationen aufgelistet. Hierzu gehören beispielsweise der Aktivitätsnamen, Priorität, Liefertermine, usw. Neben der Darstellung von Informationen hat die Schnittstelle die Aufgabe, Funktionen zum Starten neuer Workflow-Prozesse sowie zum Annehmen, Starten, Weiterleiten und Abschließen von Aktivitäten zu realisieren.

Administratorschnittstelle

Diese Schnittstelle soll Administratoren zur Benutzerverwaltung, Konfiguration des Workflow-Management-Systems, Steuerung sowie der Überwachung des laufenden Betriebs dienen. Neben Monitoringfunktionen hat diese Schnittstelle Funktionen anzubieten, die es Administratoren ermöglichen sollen, in laufende Workflows in Fehler- oder Ausnahmesituationen korrigierend eingreifen zu können. Diese Eingriffe beschränken sich in den allermeisten Fällen auf das Ändern von Ausführungszuständen von Workflows, von Daten oder von Applikationsanbindungen. Diese Änderungen entsprechen aber bei weitem nicht den Anforderungen, wie sie für anpassungsfähige Workflow-Management-System formuliert werden.

Nichtfunktionale Anforderungen an Workflow-Management-Systeme

Aus der Sicht des Software-Engineerings können u.a. folgende Anforderungen an ein Worflow-Management unabhängig von dessen Funktionalität gestellt werden:

Offenheit

"Ein offenes System ist ein System, das in ausreichendem Maße offengelegte Spezifikationen für Schnittstellen und dazugehörige Formate implementiert, damit entsprechend gestaltete Anwendungssoftware

- auf eine Vielzahl verschiedener Systeme portiert werden kann (mit Anpassungen),
- mit anderen Anwendungen lokal und entfernt interoperabel ist,

- mit Benutzern in einer Art interagiert, die das Wechseln der Benutzer zwischen den Systemen erleichtert." [POSIX92]

Die Forderungen nach Portabilität, Interoperabilität, leichtes Wechseln der Benutzer zwischen den Systemen sowie die häufig genannten Forderungen nach Skalierbarkeit und Verteilbarkeit führen zu einer mehr oder weniger stark ausgeprägten Client/Server-Architektur. Zur Realisierung von Portabilität und Interoperabilität ist der Einsatz von Middleware sinnvoll, die eine Kommunikation auf hohem Niveau unter den Komponenten ermöglicht.

Zuverlässigkeit

Zuverlässigkeitsanforderungen an Workflow-Management-Systeme ähneln im Zusammenhang mit der Datenhaltung stark denen von Datenbank-Management-Systemen. Eine zentrale Anforderung an ein Workflow-Management-System ist die parallele Verarbeitung von Benutzeraufträgen. Dies erfordert Techniken wie zum Beispiel Transaktionsmechanismen, um konsistente Zugriffe auf gemeinsame Ressourcen zu gewährleisten. Das datenbank-spezifische ACID-Transaktionskonzept kann aber nur bedingt für Workflow-Management-Systeme eingesetzt werden. Beispielsweise wurde das Transaktionskonzept für die Abarbeitung kurzlebiger, in Wettbewerb zueinander stehender Operationen entwickelt. Workflow-Aktivitäten können dagegen sehr lange Ausführungszeiten (Tage, Monate) haben, weshalb eine transaktionsbasierte Ausführung sehr schnell zu einer großen Zahl an Blockierungen führen könnte. Für die Einschränkung des Transaktionskonzepts für Workflow-Management-Systeme lassen sich weitere Gründe aufzählen [Jabl et al. 97].

Einschränkungen des transaktionalen Systemverhaltens und hohe Systemverfügbarkeit fordern einen hohen Grad an Fehlertoleranz des Workflow-Management-Systems. Dies bedeutet, daß diese auf gewisse Fehler- und Ausnahmesituationen während des Betriebs möglichst selbständig reagieren und Fehler beheben sollten. Hierzu gehören Recovery-Mechanismen mit Hilfe derer versucht werden soll, das System aus einem inkonsistenten Zustand durch Ausführung von Alternativaktivitäten oder Kompensation von Teilwegen wieder herauszuführen.

2.2   Anwendungsfälle

Im folgenden sollen einige Anwendungsbeispiele für dynamische Workflowanpassungen betrachtet werden. Ziel ist es, daraus Anforderungen an anpassungsfähige Workflow-Management-Systeme abzuleiten. Die Anwendungsfälle werden in späteren Teilen der Arbeit als Referenzfälle auch zur Validierung der erhaltenen Ergebnisse eingesetzt.

Für alle Anwendungsfälle wird ohne Einschränkung der Allgemeinheit (o.E.d.A.) eine dreischichtige Organisationshierarchie bei der Ausführung und dem Bearbeiten (Ändern) von Workflows vorausgesetzt, die durch die strukturellen Rollen "Sachbearbeiter", "Abteilungsleiter" sowie "Projektleiter" ausgedrückt wird.

Sofern nicht anders erwähnt, beziehen sich alle Anwendungsfälle auf den in   Abb. 2.1 beschriebenen Workflow "Wohnungsvergabe". Dieser Workflow ist ein typisches Beispiel für einen langlebigen Prozeß im Kontext der öffentlichen Verwaltung. Vergleichbar mit Großunternehmen treten in der öffentlichen Verwaltung alle Arten von Geschäftsprozessen auf [Sieb96b]. Die Geschäftsprozesse sind den Prozessen in anderen Büroumgebungen sehr ähnlich. Die Organisation und kleinere Geschäftsprozesse sind bereits sehr gut strukturiert und definiert. Typische Aspekte dabei sind exakte Arbeitsplatz- und Aufgabenbeschreibung sowie eine klare Festlegung von Hierarchien und Verantwortungsbereichen.

Nichtsdestotrotz gibt es auch in diesem Umfeld eine große Anzahl von Prozessen, die irgendeiner Art von Anpassungsfähigkeit bedürfen. Besonders in großen und langlebigen Prozessen müssen Aufgaben in expliziten Entscheidungsphasen (re-)definiert und modelliert werden, was entscheidenden Einfluß auf den Fortgang des Prozesses hat.

Durch den Beispielprozeß wird der Vorgang der internen Ausschreibung und Vergabe von Wohnungen in der öffentlichen Verwaltung modelliert. Bedingt durch die Ausschreibungsdauer sowie eventuell mehrerer Besichtigungsphasen hat dieser Vorgang eine sich über mehrere Wochen oder gar Monate erstreckende Laufzeit.

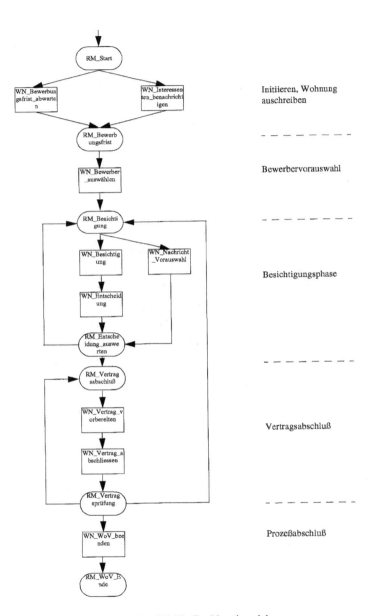

Initiieren, Wohnung
auschreiben

Bewerbervorauswahl

Besichtigungsphase

Vertragsabschluß

Prozeßabschluß

Abbildung 2.1:   Workflow Wohnungsvergabe (WoV). Zur Notation siehe
"Prozeßbeschreibung mit dem 'Process Definition Model'" auf Seite 110

Mögliche Änderungen könnten das Austauschen von Aktoren, Löschen, bzw. Überspringen von Aktivitäten sein, da beispielsweise einem Bewerber eine ausgeschriebene Wohnung bekannt ist. Ferner das Einfügen einer Aktivität, um einen externen Gutachter heranzuziehen oder der Abbruch des Vorgangs, da die Wohnung nicht mehr vergeben werden kann. Denkbar wäre auch, neben vielen weiteren Anwendungsfällen, ein Datum nachträglich in die Prozeßbeschreibung aufzunehmen, das sich erst während der Ausführungsphase als notwendig für die Durchführung des Prozesses herausstellt.

Für alle Anwendungsfälle wird folgende Forderung postuliert:

- Vor und nach der Durchführung von Änderungen soll sich der Workflow in einem konsistenten Zustand befinden.

Unter "konsistent" im Kontext von Workflow-Management soll bis zu einer späteren Definition "unversehrt und ausführbar" verstanden werden. Für das Workflow-Management-System kann somit gefordert werden, daß die Änderungen dann abgelehnt und nicht durchgeführt werden, wenn der Workflow sich in einem inkonsistenten Zustand befindet.

Für die Ablaufbeschreibung aller Anwendungsfälle soll gelten, daß die beteiligten Akteure entweder Sachbearbeiter, Abteilungsleiter oder Projektleiterin sind. Anforderungen, die einmal in Anwendungsfällen bestimmt wurden, werden in weiteren Anwendungsfällen nur noch dann aufgeführt, wenn sie zur Aufdeckung weiterer Anforderungen oder Variationen benötigt werden.

Die Anwendungsfälle werden im Kontext der in SWATS zu Verfügung stehenden Anpassungsdienste betrachtet. Auf diese Dienste wird im letzten Teil dieses Kapitels noch genauer eingegangen.

Zunächst werden nur Fälle untersucht, in denen genau eine Anpassung erforderlich ist, um die Modellbeschreibung der Workflow-Instanz in die gewünschte Soll-Beschreibung zu überführen. Hiefür muß die erforderliche Anpassung als Anpassungsoperation vom Workflow-Management-System zur Verfügung stehen.

Anwendungsfall 1: Verlängern des spätesten Endtermins einer Aktivität

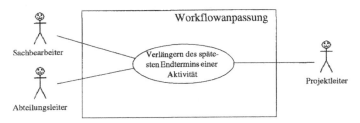

Abbildung 2.2: Anwendungsfall 1

Ablaufbeschreibung:

1. Der Endtermin der Aktivität WN_Bewerbungsfrist_abwarten wird verlängert.

Vorbedingungen:

1. Der Workflow befindet sich in einem konsistenten Zustand. Diese allgemeine Anforderung wird in den weiteren Anwendungsfällen nicht mehr erwähnt.

2. Die Ausführung der Aktivität ist nicht beendet.

3. Die ändernde Person muß die nötigen Rechte für die Durchführung der Änderung besitzen. Dies erfordert, daß das Recht zur Änderung für jede strukturelle sowie organisatorische Rolle einzeln vergeben und eingestellt werden können muß. Dazu ist eine Möglichkeit zur Modellierung von Änderungsrechten im Workflow-Modell notwendig.

Nachbedingungen:

1. Der Workflow befindet sich in einem konsistenten Zustand. Diese allgemeine Anforderung wird in den weiteren Anwendungsfällen nicht mehr erwähnt.

2. Der späteste Endtermin der Aktivität liegt nach dem aktuellen Änderungsdatum.

Regeln:

3. Die Änderung soll nur dann gültig sein und vom Workflow-Management-System erlaubt werden, wenn der Endtermin eine gewisse Grenze nicht überschreitet. Diese Grenze muß für jede Rolle speziell eingestellt werden können, da z.B. der Abteilungsleiter im allgemeinen einen größeren Überblick über den Geschäftsvorgang als ein Sachbearbeiter hat und dadurch einen späteren Endtermin verantworten kann.

Variationen:

1. Eine Überschreitung der Termingrenze soll nach Rückfrage mit der Projektleiterin erlaubt sein. Durch das WFMS muß hierzu eine Genehmigung der Änderung von der Projektleiterin des Ändernden durch synchrone Rückfrage eingeholt werden. Scheitert die Rückfrage, beispielsweise durch Ablehung durch die Projektleiterin oder durch Überschreitung einer vereinbarten maximalen Antwortzeit, muß die Änderung vom WFMS abgelehnt werden.

2. Ein spezieller Sachbearbeiter S' soll nicht das Recht haben, die Änderung durchzuführen, da mit ihm in dieser Hinsicht schlechte Erfahrungen gemacht wurden. Die Modellierung der Rechte sollte somit auch eine ausschließende Vergabe zulassen, um weiterhin prinzipiell allen Sachbearbeitern das Änderungsrecht geben zu können. Ansonsten müßte jeweils jedem Sachbearbeiter außer S' einzeln das Änderungsrecht zugesprochen werden. Für jeden neu hinzukommenden Sachbearbeiter müßte die Rechtemodellierung angepaßt werden.

Anwendungsfall 2: Einfügen eines Subworkflows

Abbildung 2.3: Anwendungsfall 2

Ablaufbeschreibung:

1. Zwischen den Knoten RN_Start und RN_Bewerbungsfrist soll parallel zu den Knoten WN_Bewerbungsfrist_abwarten und WN_Interessenten_benachrichtigen eine weitere Aktivität eingefügt werden, um z.B. ein Gutachten zur angebotenen Wohnung durch externe Berater erstellen zu lassen.

Vorbedingungen:

1. Die ändernde Person muß die nötigen Rechte für die Durchführung der Änderung besitzen. In diesem Fall soll es nur für Abteilungsleiter oder Projektleiter möglich sein. Es muß nicht modelliert werden können, welche Art von Workflow (Subworkflow (Sequenz, Alternative, Schleife, etc.), Elemenater Workflow) eingefügt werden darf, da dies in der Modellierungsphase nicht absehbar ist, ansonsten könnte es bereits dort geschehen.

Nachbedingungen:

1. Der dem neuen Workflow nachfolgende Workflow ist nicht gestartet.

Regeln:

1. Ist die zu erwartende Ausführungsdauer des neu eingefügten Workflows länger als die der parallelen Aktivitäten, so verschiebt sich die zu erwartende Ausführungszeit der nachfolgenden Aktvitäten. Dies muß entsprechend der Auswirkungen im Anwendungsfall 1 eingeschränkt werden können. Inwieweit die Verschiebung zulässig sein soll, muß pro Rolle definierbar sein.

Anwendungsfall 3: Abbruch des Workflows

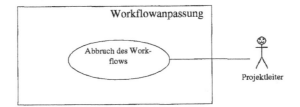

Abbildung 2.4:   Anwendungsfall 3

Ablaufbeschreibung:

1. Zu jedem Zeitpunkt der Workflowausführung kann der Workflow abgebrochen werden, wenn z.B. in der zu vergebenden Wohnung ein erheblicher Schaden festgestellt wird und die Wohnung damit für Monate nicht vergeben werden kann.

Vorbedingungen:

1. Die ändernde Person muß Projektleiterin sein.

Anwendungsfall 4: Löschen einer Aktivität

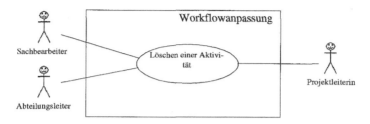

Abbildung 2.5:   Anwendungsfalldiagramm 4

Ablaufbeschreibung:

1. Die Aktivität WN_Besichtigung soll gelöscht werden können, z.B. dann, wenn sich herausstellt, daß alle Bewerber die Wohnung bereits besichtigt haben. Dieses Beispiel ist etwas konstruiert, da sich für diesen Fall bereits in der Modellierung ein bedingter Leerpfad um die Aktivität einbauen liesse. Für weitere Anwendungsfälle wird die Löschoperation aber benötigt und somit separat untersucht.

Vorbedingungen:

1. Die ändernde Person muß die nötigen Rechte hierfür besitzen.

2. Die zu löschende Aktiviät darf sich weder in der Ausführung befinden, noch darf sie bereits ausgeführt sein.

Nachbedingungen:

1. Der Workflow muß sich in einem konsistenten Zustand befinden. Wie bereits erwähnt, ist darunter vorläufig zu verstehen, daß der Workflow weiterhin ausführbar bleibt. Durch den Löschvorgang könnten beispielsweise Daten, die in der Aktivität zum ersten Mal geschrieben werden, uninitialisiert sein und dadurch bei der späteren Ausführung des Workflows zu nicht erwünschten bis kritischen Auswirkungen führen. Vom WFMS müssen also alle Aspekte der Workflow-Beschreibung, die innerhalb der Aktivität tangiert werden, daraufhin untersucht werden, ob sie Auswirkungen auf die Konsistenz des Workflows haben. Wird durch den Änderungsvorgang die Konsistenz des Workflows verletzt, muß die Operation abgelehnt werden.

Anwendungsfall 5: Löschen einer Aktivität mit nachfolgender Kompensation

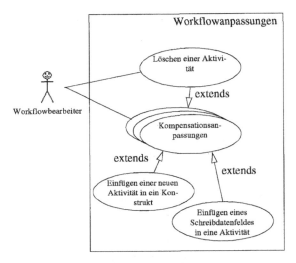

Abbildung 2.6: Anwendungsfalldiagramm 5

Anwendungsfall 4 zeigte, daß Einzeloperationen den Workflow in einen inkonsistenten Zustand überführen können. Obgleich die Lösung, die Änderung deshalb nicht zuzulassen, mit Sicherheit konsistenzerhaltend ist, ist sie nicht praxisnah, wenn die Aktivität trotzdem gelöscht werden soll. Hierzu ist die Beseitigung der Ursachen für die Inkonsistenz des Workflows erforderlich. Dies kann durch (automatische) Kompensationsmaßnahmen geschehen, die im Anschluß an die Lösch-Operation durchgeführt werden. Hierzu ist es allerdings notwendig, daß durch den Anpassungsdienst zeitweise ein inkonsistenter Zustand des Workflows zwischen der ersten und der letzten Änderungsoperation in Kauf genommen werden muß. Diese Abfolge wird Änderungssequenz bezeichnet.

Ablaufbeschreibung:

1. Die Aktivität WN_Besichtigung soll, wie im Anwendungsfall 4 beschrieben, gelöscht werden. Mögliche Konsistenzverletzungen, die dadurch auftreten können, müssen durch weitere Einzelanpassungen kompensiert werden. Dies können beliebige Einzelanpassungen sein, die zur Erreichung eines konsistenten Zustands benötigt werden.

Nachbedingungen:

1. Der Workflow muß sich nach allen durchgeführten Einzeloperationen in einem konsistenten Zustand befinden.

Regeln:

1. Die ändernde Person muß für die Löschoperation sowie für jede weitere Einzeloperationen innerhalb der Änderungssequenz die nötigen Rechte haben.

Anwendungsfall 6: Anpassungssequenz

Dieser Fall dient der Verallgemeinerung aller Anpassungen, die aus mehr als einer Einzelanpassung bestehen. Ein konkretes Beispiel hierfür war Anwendungsfall 5.

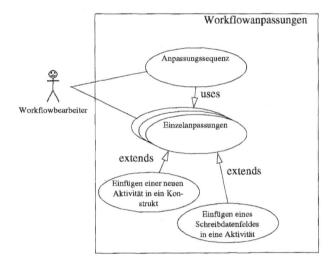

Abbildung 2.7:   Anwendungsfalldiagramm 6

Ablaufbeschreibung:

1. Es werden mehrere Einzelanpassungen nacheinander zur Modifikation des Workflows verwendet.

Vorbedingungen:

1. Der Workflow befindet sich in einem konsistenten Zustand.

Nachbedingungen:

1. Der Workflow befindet sich in einem konsistenten Zustand.

Services:

1. Um auf Konsistenzverletzungen reagieren zu können, muß dem Workflowbearbeiter (oder gegebenfalls einem Agenten, der selbständig nach Kompensationsmöglichkeiten sucht) vom Anpassungsdienst mitgeteilt werden, welche Verletzungen vorliegen. Hierfür muß der Dienst eine geeignete Benutzerschnittstelle bieten.

Regeln:

1. Die ändernde Person muß für alle benötigten Einzeloperationen der Änderungssequenz die entsprechenden Rechte besitzen.

2. Die Vor- und Nachbedingungen fordern, daß die Sequenz nicht abgeschlossen und somit durchgeführt werden darf, solange sich der Workflow in einem inkonsistenten Zustand befindet. Dieses Verhalten wird im Aktivitätsdiagramm Abb. 2.8 gezeigt.

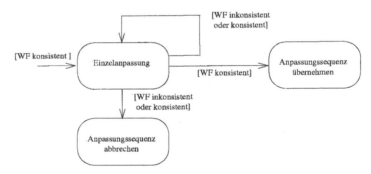

Abbildung 2.8:   Aktivitätsdiagramm zu Anwendungssequenz

Anwendungsfall 7: Verschieben einer Aktivität

Dieses Beispiel dient zur Untersuchung eines Anwendungsfalls, in dem zur Realisierung einer Änderung keine spezielle Einzelanpassung vom Anpassungsdienst zur Verfügung steht. Hier muß also eine Sequenz von Anpassungen angewendet werden, ohne daß dies unbedingt zur Kompensation von Konsistenzverletzungen notwendig ist.

Ein einfaches Beispiel ist das Verschieben einer Aktivität. Die Anpassungsdienste von SWATS bieten keine expliziten Anpassungsoperationen, um dies zu bewerkstelligen. Das Verschieben muß hierzu durch die Operationen Ausschneiden und Einfügen an anderer Stelle realisiert werden. Der Workflowbearbeiter soll dabei jedoch nicht die Möglichkeit haben, die Aktivität zu löschen, dann aber nicht mehr einzufügen.

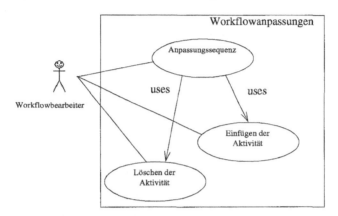

Abbildung 2.9: Anwendungsfalldiagramm 7

Ablaufbeschreibung:

1. Löschen der Aktivität.

2. Einfügen der Aktivität an anderer Stelle.

Vorbedingungen:

1. Aktivität darf weder gestartet noch ausgeführt sein.

Nachbedingungen:

1. Die neuen nachfolgenden Aktivitäten der Aktivität dürfen nicht gestartet sein. Die Workflow-Ausführung darf also noch nicht über die neue Stelle "hinweggegangen" sein.

2. Die Aktivität ist im Workflow innerhalb eines bestimmten Bereichs, der sich angeben lassen muß, enthalten.

Regeln:

1. Die ändernde Person muß für die Lösch- wie auch für die Einfügeoperation Rechte besitzen.

2. Die Nachbedingungen fordern, daß die Sequenz nicht durchgeführt werden darf, solange sich die Aktivität nicht in dem definierten Workflowbereich befindet.

Anmerkungen:

1. Da "Verschieben" nicht als Einzelanpassung zur Verfügung steht, kann hierfür kein explizites Recht vergeben werden. Deshalb muß es möglich sein, die Modellierung des Workflows so einzuschränken, daß gewünschte Rahmenbedingungen eingehalten werden - unabhängig davon, welche Einzeloperationen benützt werden.

2.3   Anforderungen an flexible und anpassungsfähige Workflow-Management-Systeme

2.3.1   Flexibilität

Um unnötige Anpassungen zu vermeiden, sollte die Modellierung von Workflows so flexibel gestaltbar sein, daß vorhersehbare Ausnahmen und Fehlersituationen in einer übersichtlichen Modellierung und einem angemessenen Modellierungsaufwand abgebildet werden können. Eine entsprechende Erweiterung des Workflow-Modells könnte durch Verwendung deskriptiver Beschreibungselemente erfolgen. Diese dienen der kompakten Beschreibung komplexerer Kontrollflußbeziehungen. Beispiele hierfür sind:

Optionale Ausführung. Eine Aktivität kann ausgeführt oder übersprungen werden.

Reihe. Eine Menge von Aktivitäten kann in einer beliebigen sequentiellen Reihenfolge ausgeführt werden.

Die Forderung nach Flexibilität richtet sich somit vor allem an das Workflow-Modell und kann in die Menge der funktionalen Anforderungen an Workflow-Modelle eingeordnet werden. Diese Anforderung ist für den weiteren Verlauf dieser Arbeit lediglich in dem Sinn von Bedeutung, daß diese beim Entwurf des Workflow-Modells und der Anpassungsdienste von SWATS als eine Hauptanforderung miteinging [Sieb96], [Hofm98], [Blum98].

2.3.2 Anpaßbarkeit

Auch durch ein noch so flexibles Workflow-Modell können unvorhersehbare Abweichungen zwischen der Ist-Beschreibung eines bereits laufenden Workflows und der Soll-Beschreibung nicht verhindert werden. Es bleibt also die Notwendigkeit der Anpassung von Workflows während der Laufzeit, um auf Ausnahmen und Fehlerfälle reagieren sowie unstrukturierte Prozesse ausführen zu können.

Im Gegensatz zur herkömmlichen Modellierung eines Workflows durch Definition eines Workflow-Schemas in der Workflow-Sprache muß das Workflow-Management-System somit die Bearbeitung einer Workflow-Instanz ermöglichen, um nicht gleichzeitig alle Ausprägungen eines Workflow-Schemas zu ändern. Gleichwohl sollte das System eine Übertragung der Änderungen auf andere Instanzen oder gar rückwirkend auf das Workflow-Schema sowie die Generierung neuer Schemata erlauben.

Die Änderungen sollten sich nicht nur auf die Beeinflussung des Ausführungsverhaltens beschränken. Im Sinne der Vollständigkeit müssen alle Aspekte einer Workflow-Beschreibung änderbar sein.

Beteiligung aller Workflow-Partizipanten

Ebenfalls im Sinne der Vollständigkeit sollten Anpassungen nicht nur von Spezialisten wie zum Beisipiel Prozeßmodellierern vorgenommen werden können, sondern prinzipiell von allen Workflow-Beteiligten.

Rechteeinschränkung

Alle Anwendungsfälle machen deutlich, daß einzelne Anpassungen nicht von allen Beteiligten zu jeder Zeit durchgeführt werden dürfen. Abhängig von der Erfüllung gewisser Organisationsbeziehungen des Bearbeiters, dem zugrundeliegenden Workflow-Schema und dem Ausführungszustand der Workflow-Instanz müssen Anpassungen rechtlich eingeschränkt werden können.

So muß beispielsweise die bearbeitende Person Projektleiter sein, um die im vierten Anwendungsfall beschriebene Änderung durchführen zu können. In Anwendungsfall 2 soll die Erlaubnis zum Einfügen einer weiteren Aktivität abhängig sein von dem Vorhandensein konkreter Aktivitäten. Vorbedingung 1 im Anwendungsfall 7 macht deutlich, daß zusätzlich Abhängigkeiten zum Ausführungszustand des Workflows bestehen können.

Um Abhängigkeiten dieser Art von einem anpassungsfähigem Workflow-Management-System überprüfen lassen zu können, müssen Sie diesem vermittelt werden. Hierzu bietet sich an, die Workflow-Sprache in geeigneter Weise zu erweitern. Um modularer Dekomposition und Verständlichkeit gerecht zu werden, sollte die Modellierung der Anpassungsrechte in einem eigenen Aspekt erfolgen.

Erweiterte Benutzerschnittstelle

Um Anpasssungen in der Praxis durchführen zu können, muß der Aufwand hierfür in einem vernünftigen Verhältnis zum Nutzen stehen. Da es sich bei Anpassungen um ein (Re-)Modellieren einer Workflow-Instanz handelt, scheint es sinnvoll zu sein, für diesen Vorgang eine Schnittstelle zu verwenden, die u.a. die Funktionalität der bereits vorgestellten Entwicklerschnittstelle enthält.

Dabei ist zu berücksichtigen, daß Benutzer mit unterschiedlichen Kenntnissen zur Thematik Workflow-Modellierung mit dem System interagieren, was aus der Forderung nach Beteiligung aller Workflow-Partizipanten hervorgeht. Die Änderungsrechte sowie das Expertenwissen eines Workflow-Bearbeiters sind bei der Darstellung sowie der Bereitstellung von Bearbeitungmöglichkeiten und -werkzeugen durch die erweiterte Benutzerschnittstelle zu berücksichtigen.

Die Anwendungsfälle 5 und 7 zeigen auf, daß eventuell mehrere Änderungsoperationen notwendig sind, um eine Workflow-Instanz den Erfordernissen anzupassen. Dabei wurde festgestellt, daß sich der Workflow zwischen erster und letzter Anpassungsoperation in einem inkonsistenten Zustand befinden kann. Um auf Konsistenzverletzungen reagieren zu können, muß dem Workflowbearbeiter vom Anpassungsdienst mitgeteilt werden, welche Verletzungen vorliegen. Diese Informationen müssen über die erweiterte Benutzerschnittstelle dargestellt werden. Anzustreben ist dabei eine transparente Darstellung der Verletzungen in der sonst üblichen Darstellung des Modells. Beispielsweise könnte ein Problem im Kontrollfluß in einer graphischen Darstellung aus Knoten und Kanten durch Darstellung in der Farbe Rot geschehen. Als Mindestvoraussetzung kann aber eine textuelle Ausgabe der Konsistenzverletzungen gefordert werden.

Ferner kann gefordert werden, daß die erweiterte Benutzerschnittstelle geeignete Elemente zur Verfügung stellt, die es ermöglichen, Änderungssequenzen durchführen, übernehmen bzw. zurücksetzen zu können. Wünschenswert wäre dabei auch eine Undo-Funktionalität.

Begrenzbarkeit der Auswirkungen

Die von Jablonski auf das Workflow-Modell angewandten Qualitätsfaktoren für Softwareprodukte, darunter Korrektheit, Robustheit und Integrität, dürfen durch die Anwendung von
Anpassungen nicht beeinträchtigt werden.

Die Unversehrtheit einer Workflow-Beschreibung kann aber nicht durch die Workflow-Sprache selbst gewährleistet werden. Dies muß durch das Workflow-Management-System garantiert werden. Neben der syntaktischen Korrektheit eines Workflow-Schemas müssen dabei
strukturelle Abhängigkeiten der Workflow-Beschreibung überwacht werden. Ein Beispiel für
strukturelle Abhängigkeit wird durch Anwendungsfall 4 gegeben: Darin wird eine Aktivität
gelöscht. Ist diese aber als Knoten im Datenfluß notiert, so liegt eine Inkonsistenz vor, sofern
der Datenfluß nicht entsprechend angepaßt wird. Die Workflow-Ausführung könnte dadurch
fehlerhaft bzw. blockiert werden. Änderungen von Workflow-Instanzen sind also auf ihre Auswirkungen hinsichtlich der Konsistenz des Workflows zu überprüfen und gegebenenfalls abzu-
lehnen.

In den Anwendungsszenarien 1 und 7, jeweils mit Nachbedingung 2, dürfen Änderungen nicht
durchgeführt werden, wenn sie bestimmte Bedingungen nicht erfüllen. Diese Bedingungen
dienen allerdings nicht der Gewährleistung der strukturellen Konsistenz des Workflows.
Hierzu gehören beispielsweise die Einhaltung eines Termins oder die Forderung zur Durchführung einer Aktivität innerhalb eines bestimmten Subworkflows. Die Untersuchung der Anwendungsfälle zeigt, daß Bedingungen dieser Art semantische Anforderungen an ein Workflow-
Schema stellen. Sie definieren gewisse Rahmenbedingungen, die für die gesamte Ausführung
gelten müssen und schränken auf diese Weise Anpassungen zusammen mit den Anpassungsrechten ein. Diese Rahmenbedingungen werden Integritätsbedingungen genannt.

Entsprechend den Anpassungsrechten müssen die Integritätsbedingungen durch die Workflow-Sprache ausgedrückt werden können. Hierbei sollte die Modellierung wie für die Rechtemodellierung möglichst unabhängig von anderen Aspekten des Workflow-Modells erfolgen.
Die Unabhängigkeit kann und braucht allerdings nur in einer Richtung erfüllt zu sein, da in den
Bedingungen durch modulare Komposition möglichst alle Aspekte des Workflow-Modells
kombinierbar sein sollten. Dies ist notwendig, um sehr spezielle Zustände und Kombinationen
von Aspekten eines konkreten Workflows beschreiben zu können.

2.4 SWATS als flexibles und anpassungsfähiges Workflow-Management-System

Abschließend werden das zu erweiternde Workflow-Modell und die Architektur des Workflow-Management-System SWATS als weitere zu berücksichtigende Anforderungen untersucht und vorgestellt.

2.4.1 SWATS-Architekur

Um die aufgeführten Anforderungen an anpassungsfähige Workflow-Management-Systeme erfüllen zu können, reichen isolierte Ansätze wie z.b. die Änderbarkeit von Workflow-Instanzen nicht aus.

Siebert schlägt einen integrierten Lösungsansatz vor, der Mittel zur Flexibilisierung und Anpaßungsfähigkeit enthält, ohne die Anforderungen an bestehende klassische Workflow-Konzepte aufzuweichen [Sieb98]. Auf Basis diesen integrierten Ansatzes und bestehender Anforderungen an anpassungsfähige und flexible Workflow-Management-Systeme wurden Komponenten von SWATS erweitert bzw. um neue Komponenten ergänzt, die die erforderliche Funktionalität implementieren. Dabei stand die Übertragbarkeit und Anwendbarkeit auf verschiedene, bereits existierende Systeme im Vordergrund. Hierfür wurde die bestehende SWATS-Architektur, das entsprechend des von der Workflow-Management-Coalition (WfMC) vorgeschlagenen Referenzmodells entwickelt wurde, um eine server-seitige Schicht erweitert [WfMC94].

Die erweiterte SWATS-Architektur wird nachfolgend kurz vorgestellt, um einzelne Komponenten und deren Funktionalität einzuführen. Dabei werden allerdings nur Komponenten dargestellt, die für diese Arbeit von Bedeutung sind.

Innerhalb der Architektur können drei Schichten identifiziert werden: Neben server-seitiger Workflow-Ausführungschicht und client-seitiger Applikationschicht, die die Funktionalität eines klassischen Workflow-Management-Systems realisieren, ist die server-seitige Anpassungsschicht zu erkennen. Die Komponenten sind mit den projektinternen Bezeichnern benannt.

Die Workflow-Engine entscheidet aufgrund des aktuellen Zustands eines Vorgangs, welche Aktivitäten als nächste zu bearbeiten sind; sie ist verantwortlich für die Ausführung des gesamten Prozesses. Für SWATS wurde als Workflow-Engine das Produkt Changengine von Hewlett-Packard verwendet. Die auszuführenden Workflows müssen hierfür in der Process Definition Language (PDL) modelliert werden [HP97].

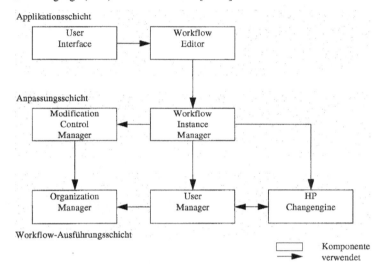

Abbildung 2.10: SWATS-Architektur

Der User-Manager dient als Zugang für die Endbenutzer-Clients, die Teil der Ausführungs-schicht sind. Er bietet eine reduzierte, spezialisierte Schnittstelle zum Workflow-System und ermöglicht so eine Vereinfachung der Benutzerschnittstelle. Der User-Manager ist zuständig für die Verwaltung der Arbeitslisten, welche die Aktivitäten eines Anwenders enthalten. Die Zuweisung der Aktivitäten an die betreffenden Anwender erfolgt mit Hilfe des Organization-Managers. Dieser ist für die Auflösung von Rollen zu Ressourcen zuständig. Auf Anfrage lie-fert er anhand der Aufbauorganisation zu übergebenen Rollenbezeichnern einen oder mehrere Bearbeiter einer Aktivität zurück.

In der Applikationsschicht werden durch das User Interface zum einen adminstrative Funktio-nen wie die Realisierung einer zentrale Zugangsschnittstelle in das System oder etwa die Dar-stellung und Verwendung der Arbeitslisten realisert. Zum anderen übernimmt sie auch die Ausführung von Aktivitäten.

Alle weiteren Komponenten dienen der Erweiterung des Systems bzgl. Anpassungsfähigkeit.

Der Workflow-Instance-Manager (WIM) nimmt in der Gesamtarchitektur eine zentrale Rolle ein. Zum einen hält er Abbilder der von der Enginge verwalteten, originären Workflow-Instanzen in einer eigenen flexiblen Workflow-Sprache, zum anderen erlaubt er die Durchführung von Anpassungen durch Operationen, die er über eine festdefinierte Schnittstelle dem Worflow-Editor zur Verfügung stellt. Der Workflow-Instance-Manager und dessen interne Workflow-Sprache werden im nächsten Unterkapitel detaillierter beschrieben.

Der Workflow-Editor wurde ebenfalls als neue Komponente in die klassische Architektur integriert. Er wird über das User Interface aufgerufen und erlaubt das Monitoring eines Prozesses ebenso wie die Durchführung von Anpassungen. Der Editor bietet verschiedene Ansichten, durch die bestimmte Aspekte eines Workflows dargestellt werden können.

Die Verifikation und die eventuell notwendigen Einschränkungen von Anpassungen an einer Workflow-Instanz erfolgen durch den Modification Control Manager (WCM). Die Entwicklung und Realisierung dieser Komponente ist Teil der vorliegenden Arbeit. Den erarbeiteten Anforderungen zufolge hat diese Komponente zwei Hauptaufgaben: Zum einen muß die Gültigkeit von Anpassungen in Abhängigkeit von den Anpassungsrechten des Bearbeiters überprüft werden, zum anderen müssen Anpassungen hinsichtlich ihrer Auswirkungen auf die strukturelle Konsistenz sowie Verletzung von semantischen Bedingungen des Workflows überprüft werden.

2.4.2 Technologie

Schlüsselanforderungen beim Entwurf von SWATS waren Portabilität, Interoperabilität, Offenheit und Erweiterbarkeit. Aufgrund dieser Anforderungen wurde eine Client/Server-Architektur entworfen, die auf folgenden Technologien aufsetzt:

- Die Intra/Internet-Technologie mit dem HTTP-Protokoll bildet die Basis-Infrastruktur und dient der Kommunikation zwischen den Benutzer-Clients und dem User Manager.

- Mit Hilfe des HTTP-Protokolls erhalten die Workflow-Clients Aktivitäten und zusätzliche Informationen in Form von (dynamischen) HTML-basierten Formularen.

- Komplexe Aktivitätsimplementierungen sind darin als Java-Applets realisiert. Da Formulare dieser Art mit jedem java-fähigen WWW-Browser dargestellt und ausgeführt werden können, ist eine weitgehende Plattformunabhängigkeit erreicht.

- Mittels CORBA können die Java-Applets die Dienste des User Managers in Anspruch nehmen. Ferner wird CORBA als Basis-Technologie zur Kommunikation und Integration der einzelnen Komponenten des Systems eingesetzt.

2.4.3   Der Workflow Instance Manager

Diese Komponente, auch als Anpassungsdienst bezeichnet, verwaltet zum einen Workflow-Instanzen in einer eigenen internen Workflow-Repräsentationssprache, zum anderen bietet es eine Schnittstelle zur Durchführung von Anpassungen auf den Workflow-Instanzen an. Komponente und Modell wurden von Hofmann in "Entwicklung eines anpassungsfähigen Workflow-Modells für SWATS" entworfen [Hofm98].

Die Workflow-Schemata der Instanzen werden aus der Workflow-Engine in PDL-Form ausgelesen und in die interne Repräsentation überführt. Sämtliche Anpassungen werden nur auf den internen Instanzen des WIM ausgeführt und anschließend an die Engine zurückpropagiert.

Workflow-Metaschema

Beim Entwurf des Workflow-Modells wurde ein strukturierter Ansatz gewählt. Entsprechend strukturierten Programmiersprachen können Kontrollkonstrukte, die eine wohldefinierte Ablaufsemantik besitzen, sequentiell aneinandergereiht bzw. ineinander verschachtelt werden. Enthält ein Konstrukt keine weiteren Konstrukte, so realisiert es eine elementare Ausführungseinheit. Enthält es weitere Kontrukte, so repräsentiert es einen Super-Workflow. Die Kontrukte beschreiben somit funktionale Einheiten, die durch einen eindeutigen Namen referenziert werden (siehe "Funktionaler Aspekt" auf Seite 7). Für den gesamten Workflow ergibt sich dadurch eine Baumstruktur. Die Blätter des Baums sind elementare Ausführungseinheiten und werden Aktivitäten genannt.

Jedes Kontrollkonstrukt besitzt ein weiteres Attribut, was dessen Typ festlegt. Durch den Typ ist die Ausführungssemantik des Kontrukts definiert. Für das Modell wurden u.a. folgende Kontrollkonstrukttypen definiert, worunter sich auch deskriptive Kontrollkontrukte befinden:

SEQUENCE   für die serielle Ausführung der in dem Konstrukt enthaltenen Kontrukte.

PARALLEL   für die parallele Ausführung der in dem Konstrukt enthaltenen Kontrukte.

CONDITION   für die bedingte Ausführung der in dem Konstrukt enthaltenen Kontrukte. Die Bedingung muß hierfür in einem speziellen Attribut des Kontrukts definiert werden.

OPTIONAL   für die optionale Ausführung des in dem Konstrukt enthaltenen einzelnen Kontrukts.

Durch die Typen der Kontrukte und der Baumstruktur wird implizit der Kontrollfluß des Workflows beschrieben (siehe "Verhaltensaspekt" auf Seite 8).

Organisatorische wie operationale Aspekte werden nur bzgl. elementaren funktionalen Ausführungseinheiten definiert. Für diese Aspekte erfolgt keine Übersetzung aus der PDL-Beschreibung.

Die Abbildung des Informationsaspektes ist ebenfalls dem Metaschema der PDL entlehnt. Dieses sieht keine lokale Definition von Daten vor. Alle zu verwendenden Kontroll- und applikationsrelevanten Daten müssen global definiert werden. Der Informationsfluß wird implizit durch die Verwendung globaler Daten als Ein-, Ausgabeparameter elementarer Ausführungseinheiten beschrieben. Hierzu besitzt jede Aktivität zwei Listen. Die Eingangsliste enthält die Daten, auf die lesender Zugriff benötigt wird; die Ausgabeliste enthält Daten, die durch die Aktivität geschrieben werden. Da nur globale Daten referenziert werden, können innerhalb eines Workflows keine Konflikte durch unterschiedliche Datendefinitionen auftreten.

Realisierung und Schnittstellen

Workflow-Instanzen werden durch Objektinstanzen repräsentiert. Die Strukturknoten werden dabei durch die abstrakte Klasse structNode dargestellt. Dies ist die Basisklasse aller Knoten. Jede abgeleitete Klasse der structnode-Klasse definiert eine spezielle Ablaufsemantik. Die Klasse structNode enthält Attribute, die zur Aufnahme und Darstellung der zuvor beschriebenen Aspekte dienen.

Das Ausführungmodell des Workflow-Modells kann kurz wie folgt beschrieben werden:

Wird ein Konstrukt von seinem übergeordneten Konstrukt gestartet, so sorgt es für eine Ausführung seiner Knoten entsprechend seiner inhärenten Ausführungssemantik. Ist das Konstrukt gemäß dieser Semantik ausgeführt, wird es beendet. Zum Beispiel bietet das Konstrukt Sequenz, das n Knoten enthält, nach seinem Start den ersten Knoten zur Ausführung an. Nach jedem ausgeführten Knoten i < n wird der Knoten i + 1 zur Ausführung angeboten. Ist der Knoten n ausgeführt, wird die Ausführung des Sequenzkonstrukts beendet. Dabei müssen nicht für jedes Kontrukt alle Unterkonstrukte ausgeführt werden, beispielsweise innerhalb des CONDITION-Konstrukts.

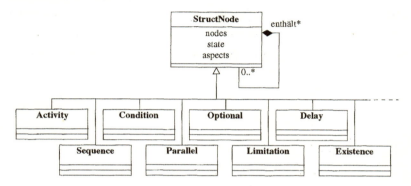

Abbildung 2.11: Die Klassenhierarchie der Konstruktknoten des Modells

Ist das Toplevelkonstrukt beendet, so ist der gesamte Workflow abgearbeitet und beendet.

Eine Workflow-Instanz wird durch ein Objekt der Klasse 'SWATSProcess' abgebildet; dies ist die Container-Klasse des Modells. Neben den Strukturknoten enthält sie weitere Objekte, die die Beschreibung des Workflows vervollständigen. Hierzu gehören u.a. Templateklassen mit den Definitionen der globalen Daten. Ein Objekt der Klasse SWATSProcess stellt einen gesamten Workflow dar. Einzelne Aktivitäten (Strukturknoten vom Typ ACTIVITY) können wiederum auf Objekte des Typs SWATSProcess referenzieren, wodurch die Realisierung von Subworkflows beschrieben wird.

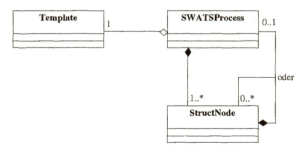

Abbildung 2.12: Teil der Klassen zur Workflow-Instanz-Repräsentation

Der Workflow-Instance-Manager ist prototypisch in Java als nicht verteilte Komponente implementiert. Er bietet die zwei Schnittstellen 'SWATSInformationAPI' und 'SWATS-AdaptionAPI' an, die als Java-Schnittstellen-Klassen realisiert sind. Diese werden vom Workflow-Editor benützt, um einerseits Informationen zu den Workflow-Instanzen vom WIM zu erhalten und andererseits durchzuführende Anpassungen auf den Workflow-Instanzen an den WIM zu melden. Als Technologie wird hierfür zum Zeitpunkt der dieser Arbeit noch Java Remote Method Invocation (RMI) eingesetzt; an einer CORBA-Realisierung wird aber derzeit gearbeitet.

3   Konzeption und Spezifikation

Die Erarbeitung der Anforderungen zeigte, daß sich die notwendigen Einschränkungen von Workflow-Anpassungen in drei Klassen einteilen lassen:

1. Einschränkung durch Vergabe von Anpassungsrechten. Diese Anpassungsrechte sollten bzgl. einem konkreten Workflow modelliert werden können.

2. Einschränkung durch Begrenzung der Auswirkungen zum Erhalt von Unversehrtheit und Ausführbarkeit eines Workflows.

3. Einschränkung durch Begrenzung der Auswirkungen anhand semantischer Rahmenbedingungen, die erfüllt sein sollen. Die Rahmenbedingungen sollten bzgl. einem Workflow definiert werden können.

In diesem Kapitel sollen die Konzepte zur Realisierung der Einschränkungen entwickelt werden und mit den notwendigen Erweiterungen des Workflow-Modells des Workflow Instance - Managers spezifiziert werden.

Nach der Metamodellierung der Anpassungsrechte werden zunächst die Begriffe Konsistenz und Integrität genauer hinsichtlich ihrer Einordnung in die Workflow-Management-Thematik untersucht. Dabei wird überprüft, inwieweit diese Begriffe aus anderen Forschungsbereichen auf Workflow-Modelle und deren Ausführung übertragbar sind. Daraus eventuell resultierende Ergebnisse werden bei der Konzeption zur Einschränkung von Anpassungen aufgrund deren Auswirkungen auf den Workflow verwendet.

3.1   Anpassungsrechte

3.1.1   Nachteile einer operationszentrierten Rechtemodellierung

Die bisher in anderen Arbeiten entworfene Modellierung von Anpassungsrechten und entsprechende Konzepte zur Umsetzung der Kontrolle werden in der vorliegenden Form nicht übernommen [Hofmann98, Bayer97, Ott96]. Ziel der Neumodellierung der Anpassungsrechte soll es sein, eine möglichst exakte Abgrenzung zwischen den Rechten einerseits sowie der Konsistenz und Integrität andererseits zu erhalten. Dadurch soll verhindert werden, daß strukturelle wie semantische Abhängigkeiten des Workflowschemas sowie Bedingungen für Workflowanpassungen in die Metamodellierung der Anpassungsrechte miteinfließen. Dies würde der Anforderung nach Modularität widersprechen.

Die bisherige Rechtemodellierung sieht bzgl. eines Konstrukts die Vergabe von Rechten auf den Änderungsoperationen vor, die vom Anpassungsdienst angeboten werden. Diese werden für Rollen unter Berücksichtigung bestimmter Kontexte, die über eine Typisierung des Workflows und Vorbedingungen auf Zuständen der Konstrukte erfolgt, kombiniert:

Änderungsrecht (Änderungsoperation,Rolle,Zustandsvorbedingung,Workflowtypisierung).

Gegen diese Art der Modellierung lassen sich folgende Punkte anführen:

1. Für jede Erweiterung des Anpassungsdienstes um weitere Anpassungsoperationen muß die Rechteprüfkomponente um diese Operationen erweitert werden. Ansonsten könnten eventuell nicht alle Elemente des Workflows vor Änderungen geschützt bzw. für Änderungen freigegeben werden.

2. Aus Entwicklersicht scheint die operationszentrierte Rechtemodellierung intuitiv zunächst einleuchtend zu sein, da es um den Schutz des Workflows vor unbefugten Änderungen geht, die durch einen festen Satz von Änderungsoperation durch den Anpassungsdienst möglich sind. Warum also nicht einzelne Anpassungsoperationen durch einzelne Rechte zulassen bzw. erlauben ?

Aus Workflow-Modellierersicht könnte aber auch eine datenzentrierte, hier also aspektzentrierte Sicht von Interesse sein: Unabhängig davon, welche Anpassungsoperation benützt wird, sollen Objekte (z.B. Daten, Kontrollflußkonstrukt, Rollen, etc.) des Workflows vor Änderungen geschützt werden. Da es zum Modellierungszeitpunkt nicht notwendigerweise absehbar ist, welche Operationen notwendig sein werden, um einen Workflow den noch unbekannten späteren Anforderungen anzupassen, geht es dem Modellierer darum, die Änderung von Teilen des Workflowschemas für eine bestimmte Personen unter Berücksichtigung ihrer Identität und organisatorischer Beziehungen, innerhalb gewisser Grenzen und unter Einhaltung gewisser Bedingungen zu gewähren bzw. zu verbieten. Welche Operationen hierfür notwendig sind, muß der Modellierer der Anpassungsrechte hierfür nicht einmal wissen. Dadurch könnte eine weitgehende Unabhängigkeit der Rechtemodellierung von der Schnittstelle eines konkreten Anpassungsdienstes erreicht werden.

3. Die Verknüpfung der Rechte mit Vorbedingungen und der Workflowtypisierung erfordert eine bereits relativ genaue Kenntnis der späteren Zustände und der Änderungsanforderungen. Als Beispiel sei hier der Anwendungsfall 4 genannt: Statt ein Recht darauf zu vergeben, daß eine Aktivität unter Erfüllung der Vorbedingungen gelöscht werden darf, könnte ebensogut zur Modellierungszeit ein bedingter Leerpfad um diese Aktivität konstruiert werden.

Bei Änderung des Workflowtyps müssen alle formulierten Rechte auf ihre Auswirkungen hin überprüft werden.

3.1.2 Datenzentrierte Rechtemodellierung

Der neu verfolgte Ansatz basiert aufgrund oben genannter Gründe auf einer daten- und nicht operationsbezogenen Rechtevergabe. Dies bedeutet, daß Rechte nicht auf einzelne komplexe Anpassungsoperationen, die vom Anpassungsdienst bereitgestelt werden, vergeben werden[1], sondern auf elementaren Anpassungsoperationen auf den Teilen des Workflowschemas. Welche Operationen dies sind, ist noch zu klären (dies könnten z.B. 'Einfügen' oder 'Löschen' sein).

Unter der Annahme, daß ein Workflow nur durch die Beschreibung seiner verschiedenen Aspekte, wozu auch der Workflowzustand zur Laufzeit gezählt werden kann, vollständig definiert ist, können sämtliche statischen und dynamischen Aspekte des Workflows vor Anpassungen geschützt werden. Hierfür müssen sämtliche Informationen, die innerhalb eines Aspekts beschrieben werden, in der Beschreibung der Anpassungsrechte referenzierbar sein. Die verschiedenen Informationsarten eines Aspekts werden Aspektausprägung genannt. Beispiele hierfür sind einzelne Datendefinitionen oder Kanten des Informationsflusses innerhalb des Informationsaspekts.

Da die Rechte zur Änderung des Workflows Teil des Workflow-Modells sein müssen, besteht für Bearbeiter die Möglichkeit, diese zu ändern, sofern der Anpassungsdienst Operationen hierfür anbietet. Dadurch könnten Personen sich Rechte zur Änderung des Workflow-Modells verschaffen, die sie ursprünglich nicht besitzen sollten. Dies erfordert, daß die Teile des Workflowschemas, die die Änderungsrechte beschreiben, ebenfalls vor ungewollten Änderungen geschützt werden müssen.

---

[1] z.B. für "bedingte Verzweigung einfügen".

Um nach dem verfolgten Ansatz die Beschreibungen von Anpassungsrechten eines Workflow-schemas vor Anpassungen speziell schützen zu können, bietet es sich an, die Anpassungs-rechte innerhalb eines eigenen Rechteaspekts zu definieren. Dies ist auch im Sinne der funktionalen Anforderung nach Modularität des Modells (vgl. "Rechteeinschränkung" auf Seite 25).

Die Einführung eines eigenen Rechteaspekts zum Schutz vor Anpassungen läßt die Einführung eines eigenen Aspekts zur Definition der semantischen Rahmenbedingungen als konsequent erscheinen, da diese Bedingungen auch vor unbefugten Änderungen geschützt werden müssen. Ganz allgemein läßt sich sagen, daß dieses Konzept die Einführung eines jeweils speziellen Aspektes fordert, für dessen Intention spezielle Rechte erforderlich sind, z.B. sollte ein stark dokumenten-basiertes Workflow-Management-System die gezielte Rechtemodellierung von Änderungszugriffen auf die Teile des Workflow-Modells erlauben, in denen Beschreibungen und Definitionen der Dokumente enthalten sind. Dies wird erreicht, indem ein spezieller Aspekt definiert wird, der gerade diese Informationen enthält.

Als Gegenargument zur bisherigen Rechtemodellierung wurde angeführt, daß jede Erweite-rung des Anpassungsdienstes um weitere Anpassungsoperationen eine Erweiterung der Rech-teprüfkomponente bedingen würde. Dieses Argument kann auch auf den neu vorgestellten Ansatz zur Rechtemodellierung angewendet werden. Allerdings ist eine Erweiterung des Workflow-Modells um neue Aspekte (wie durch die vorliegende Arbeit) weitaus seltener als die Erweiterung des Anpassungsdientes um eventuell häufiger benötigte Anpassungsoperatio-nen.

Die Änderungen zum bisherigen Rechtemodell sind demzufolge im einzelnen:

- Vergabe von Rechten für Elementaroperationen zur Änderung von Aspekten und deren Ausprägungen, statt wie bisher für komplexe Operationen des Änderungsdienstes.

- Aufgabe der Workflow-Typisierung, da sie semantische Informationen enthält, die mehr dem Integritäts-Aspekt zugerechnet werden können oder aber lediglich die Rechtevergabe durch Kategorisierung erleichtert, jedoch nicht mächtiger macht.

3.1.3 Anpassungsrechteaspekt

Bindung der Rechte

Das auf Seite 33 vorgestellte Workflow-Modell (WM_{WIM}) des in SWATS eingesetzten Modell-Servers basiert wie bereits ausgeführt auf einem objektorientierten Ansatz, der einzelne Aspekte der Workflowbeschreibung als Objekte, die in Beziehungen zueinander stehen, abbildet. Im Mittelpunkt stehen dabei die Konstruktobjekte, die die funktionalen und verhaltensbezogenen Eigenschaften des Workflow-Modells abbilden. Die Konstrukte assoziieren weitere Objekte, die die anderen Aspekte des Workflow-Modells beschreiben. Im Sinne der beim Entwurf des Workflow-Metaschema-Modell entsprochenen Anforderung nach "Modularität" wurden die Rechte durch ein weiteres Objekt realisiert, das einem Konstruktobjekt assoziiert ist. Dieses Rechte-Objekt enthält eine Liste der oben angegebenen Tupeln, die die Rechte für alle Änderungsoperationen innerhalb des Konstrukts modellieren.

Bei dem neu verfolgten Ansatz der daten- und nicht operationsbezogenen Rechtevergabe könnte die konstruktbezogene Modellierung der Rechte aufgegeben werden. Es wäre also denkbar, alle Objekte und ihre zugehörigen Attribute, die die verschiedenen Sichten des Workflow-Modells aspektweise repräsentieren, jeweils mit weiteren Attributen zu versehen, die die Änderungsrechte beschreiben. Dieser Ansatz wird aber nicht gewählt, da

1. dies der Anforderung nach Modularität widersprechen würde;

2. die Vergabe und Pflege von nicht völlig dezentral definierten Änderungsrechten und deren Auswirkungen einfacher zu überblicken und damit zu modellieren ist;

3. durch die Bindung von Rechten an zentraleren Einheiten - hier den Konstruktobjekten - der Gültigkeitsbereich für die Änderungsrechte festgelegt werden kann. Beispielsweise könnte für ein Konstrukt, das einen beliebigen Subworkflow repräsentiert, festgelegt werden, daß in ihm keine Änderung - wie immer diese aussieht - am Organisationsaspekt durchgeführt werden darf.

Als Gegenargument kann angeführt werden, daß die zentrale Bindung von Rechten nicht nur bei Anpassungen, sondern bereits in der Modellierungsphase zu Inkonsistenzen führen kann. Dann beispielsweise, wenn in den Rechten Objekte oder deren Attribute referenziert werden, die nicht existieren oder zu einem späteren Zeitpunkt gelöscht werden. Diesem Umstand muß deshalb mit einer geeigneten Sicherung der Konsistenz des Rechteaspekts Rechnung getragen werden. Die Änderungsrechte werden also wie im bisherigen Modell als Liste von Tupeln modelliert, die für Konstrukte vergeben werden.

Beschreibung von Anpassungsrechten

Anpassungsrechte werden durch folgende Tupel beschrieben:

Änderungsrecht (Aspekttyp,Aspektausprägung,Elementaroperation,Vorbedingungen,

Rolle,RTyp)

Unter Aspekttyp sind alle Aspekte zu verstehen, über die der Workflow beschrieben wird. Aspektausprägungen können einzelne Elemente eines Aspekts sein, wie z.b. einzelne Variablen des Informationsaspekts. Elementaroperationen sind eine Menge von elementaren, generischen Änderungsoperationen auf den Aspekten bzw. ihren Ausprägungen. Der Einfluß der Rollen in die Rechtemodellierung wird aus dem bisherigen Ansatz übernommen. Über RTyp wird festgelegt, ob es sich um eine Erlaubnis oder ein Verbot handelt. Da sich dadurch widersprüchliche Rechte modellieren lassen, besitzen Verbote eine höhere Priorität als Rechte im herkömmlichen Sinn.

Abbildung 3.1:   Attribute und Zuordnung des Objekts AdaptionRight durch Assoziation an das Konstruktobjekt. Globale Aspektausprägungen werden dem Prozeß assoziiert.

Für Anpassungen, bei denen eine große Abhängigkeit zwischen einer benützten Änderungsoperation des Anpassungsdienstes und den Zuständen des Workflows existiert, soll weiterhin die Möglichkeit bestehen, die Abhängigkeiten über Vorbedingungen ausdrücken zu können. Innerhalb der Vorbedingungen müssen deshalb Beziehungen von Workflowattributen zur verwendeten Operation modellierbar sein. Ferner müssen sich durch die Vorbedingungen Aussagen modellieren lassen, über die externe Komponenten in die Rechteprüfung miteinbezogen werden können, z.B. für synchrone Rückfragen eines Verantwortlichen (siehe Anwendungsfall 1, Variation 1).

Nachfolgend werden die Elemente der Rechtetupeln genauer spezifiziert.

Aspekttyp

Dieser schränkt das Änderungsrecht auf den Teil des Workflow-Schemas ein, der durch den entsprechenden Aspekt des Workflow-Metamodells beschrieben wird. Einfacher ausgedrückt ist dies ein Bezeichner für einen Aspekt des Workflow-Modells. Folgende Bezeichner werden festgelegt:

FA	= Funktionaler Aspekt
VA	= Verhaltensaspekt
ZA	= Zustandsaspekt
OPA	= Operationaler Aspekt
ORGA	= Organisatorischer Aspekt
IA	= Informationsaspekt
TA	= Temporaler Aspekt
ARA	= Anpassungsrechteaspekt
IA	= Integritätsaspekt

Aspektausprägungen

Dies sind Elemente oder Abhängigkeiten, die innerhalb eines Aspekts beschrieben werden. Die Aspektbezeichner sowie Bezeichner der Aspektausprägungen in den Rechtetupeln müssen zur Überprüfung der Rechte auf entsprechende Objekte des konkreten Workflow-Modells abgebildet werden können. Dem Nachteil dieser Indirektion, der durch die nötige Abbildung zwischen den Bezeichnern und den Objekten des konkreten Workflow-Modells WM_{WIM} zustande kommt, steht der Vorteil der Wiederverwendbarkeit und Übertragbarkeit der Rechtemodellierung auf andere Workflow-Sprachen, beispielsweise der PDL, gegenüber. Ohne den Anspruch auf Wiederverwendbarkeit könnten die Ausprägungen auch nicht textuell beschrieben werden, sondern direkt durch Assoziationen auf die entsprechenden Objekte oder deren Attribute erfolgen.

Das Konstrukt, für dessen Gültigkeitsbereich die Rechte modelliert werden, soll in den weiteren Ausführungen als K_R bezeichnet werden. Folgende Aspektausprägungen können Workflow-Modell WM_{WIM} bzgl. des Konstrukts K_R identifiziert werden:

Für alle Aspekte ist "NIL" der Bezeichner für eine nicht bestimmte Ausprägung.

Funktionaler Aspekt: Funktionale Einheiten werden im Workflow-Modell WM_{WIM} durch Konstruktobjekte repräsentiert. Ausprägungen des funktionalen Aspekts sind somit Konstrukte, die durch ihre Namen referenziert werden können.

Jedes Konstrukt besitzt einen Namen, der durch das Attribut "nodeName" definiert ist. Dieser ist eindeutig in der Menge der Konstrukte, die direkt dem übergeordneten Konstrukt assoziiert sind. Handelt es sich bei dem Konstrukt nicht um einen elementaren Workflow, besitzt es weitere Strukturknoten, die mit ihrem Namen referenziert werden können. Soll ein Unterknoten des Konstrukts K_R benannt werden, der nicht in der nächsttieferen Ebene des Konstruktes liegt, müssen alle Unterkonstrukte, die im Strukturbaum in direkter Linie zwischen K_R und dem betreffenden Unterknoten liegen, in absteigender Reihenfolge, durch "." getrennt, vor dem Namen des Unterknotens benannt werden.

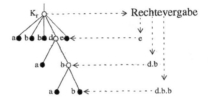

Abbildung 3.2:   Beispiel für die Benennung der Aspektausprägungen (Konstrukte) des Funktionalen Aspekts

Verhaltensaspekt: Das Verhalten des Workflows wird im Workflow-Modell WM_{WIM} durch den Konstrukttyp festgelegt. Aus diesem Grund muß die Modifikation des Konstrukttyps als mögliche Anpassung in Erwägung gezogen werden. Der Konstrukttyp wird als Ausprägung des Verhaltensaspekts durch den Bezeichner "structtype" referenzierbar.

Einige dieser Konstruktarten besitzen Regeln, die das Verhalten des Konstrukts präskriptiv definieren. Ein Beispiel hierfür ist das Konstrukt "CONDITION". Diese Regeln können als Aspektausprägungen über deren eindeutigem Namen innerhalb des Konstrukts referenziert werden. Um Regeln von anderen möglichen Ausprägungen des Verhaltensaspekts zu unterscheiden, muß den Regelnamen ein "condition." vorangestellt werden.

Informationsaspekt: Der Informationsaspekt kann in zwei Bereiche aufgeteilt werden: Datendefinition und Datenfluß. Alle Daten werden im Modell WM_{WIM} global definiert. Ein einzelnes Datum ist Ausprägung des Informationsaspekts und kann über seinen Namen mit vorangestelltem "data." referenziert werden.

Der Datenfluß wird im Modell implizit durch die Definition von Ein- und Ausgabeparametern von Aktivitäten definiert. Jede Aktivität besitzt zwei Listen, deren Elemente nur Namen aus der globalen Variablenliste sein können. Eine Liste enthält die Namen der Eingangsparameter, auf die lesender Zugriff besteht; die zweite Liste enthält die Namen der Parameter, auf die schreibender Zugriff erlaubt ist. Da die Listen den Informationsfluß festlegen, müssen Sie ebenfalls als Ausprägung des Informationsaspekts in den Rechtetupeln referenzierbar sein, um Anpassungen auf diesem rechtlich einschränken zu können. Die Liste mit den Eingangsparametern wird mit "inputlist", die Liste mit den Ausgangsparametern wird "outputlist" referenziert. Über die Ausdrücke "inputlist.<data>" und "outputlist.<data>" kann ein einzelnes Element der Liste referenziert werden, um es beispielsweise vor dem Löschen aus der Liste zu löschen. <data> ist dabei der Name eines globalen Datums.

Zustandsaspekt: Unter diesem Aspekt wird der Ausführungszustand des Workflow-Schemas verstanden. Im vorliegenden Workflow-Metamodell kann die Ausführungssemantik nicht frei definiert werden; sie ist damit konstant festgelegt. Die Information zur Beschreibung des Ausführungszustands hat deshalb eigentlich keine Berechtigung, als Aspekt aufgeführt zu werden. Da jedoch ein Workflow-Metamodell mit frei definierbarer Ausführungssemantik denkbar wäre und da auf den aktuellen Ausführungszustand des Workflows durch Anpassungen eingewirkt werden können soll, wird dieser als eigener Aspekt in der Rechtevergabe bereitgestellt. Die Ausprägungen des Zustandaspekts sind die möglichen Ausführungzustände eines Konstrukts.

Organisatorischer Aspekt: Für jede funktionale Einheit können im Modell WM_{WIM} beliebig viele Rollen definiert werden. Diese werden als Liste im Attribut 'Role' des Konstruktobjekts gehalten. Jedes Element der Liste soll eine Aspektausprägung sein.

Operationaler Aspekt: Für jede elementare Ausführungseinheit im Modell WM_{WIM}, das durch das abgeleitete Konstruktobjekt 'ACTIVTY' repräsentiert wird, beschreibt das Attribut 'activityImplementation' den operationalen Aspekt. Die Aspektausprägung ist dementsprechend der Wert dieses Attributs, da dieser nicht weiter strukturiert werden kann.

Rechteaspekt: Beliebig viele Rechtetupeln zur Beschreibung der Anpassungsrechte müssen zu jedem Konstrukt definierbar sein. Um als Ausprägung des Rechteaspekts referenzierbar zu sein, muß jede Tupel, die durch das Objekt 'AdaptionRight' abgebildet wird, mit einem eindeutigen Bezeichner benannt werden. Parameter der Rechtetupeln sollen nicht einzeln referenzierbar sein.

Integritätsaspekt: Im weiteren Verlauf der Arbeit wird ein zusätzlicher Aspekt für Meta-Modelle für anpassungsfähige Workflow-Management-Systeme vorgeschlagen. Das Workflow-Modell WM_{WIM} wird entsprechend dem Rechteaspekt um diesen Integritätsaspekt erweitert. Dabei wird jede Regel durch ein Objekt repräsentiert, das einem Konstruktobjekt assoziiert sein muß. Um als Ausprägung des Integritätsaspekts referenzierbar zu sein, muß jedes Objekt mit einem eindeutigen Bezeichner benannt sein.

Temporaler Aspekt: Als Ausprägungen dieses Aspekts können alle Bezeichner für nicht berechnete Zeitpunkte und -dauern verwendet werden, die für alle Aktivitäten festgelegt werden können.

Vorbedingungen

Vorbedingungen erlauben, die Vergabe von Rechten durch Abhängigkeit von speziellen Workflowzuständen einzuschränken. So soll die Gültigkeit der Rechtetupel nur dann bestehen, wenn die Vorbedingungen erfüllt sind; dies gilt auch für einschränkende Rechte. Die Ausdrucksmittel der Vorbedingungen entsprechen denen der Integritätsregeln und bleiben damit nicht, wie später zu sehen ist, nur auf die Beschreibung von Zuständen von Konstrukten beschränkt.

Für Anpassungen, bei denen eine große Abhängigkeit zwischen der Änderungsoperation des Anpassungsdienstes und den Zuständen des Workflows besteht, muß es die Möglichkeit geben, Beziehungen von Workflowattributen zur verwendeten Operation zu modellieren. Hierzu werden zwei Operatoren definiert: Der Operator "$CHANGE_OPERATION" liefert als Rückgabewert den Bezeichner der benützten Änderungsoperation des Anpassungsdienstes, der Operator "$CHANGE_OPERATION_PARAM (n)" liefert den n-ten Parameter der Änderungsoperation zurück.

Den Anforderungen zufolge müssen Aktivitäten oder externe Komponenten in die Rechteprüfung miteinbezogen werden können, z. B. für synchrone Rückfragen eines Verantwortlichen
(siehe Anwendungsfall 1, Variation 1). Dies erfolgt über die Vorbedingungen durch Verwendung des boolschen Operators "$EXTERNAL_QUERY(Query, TimeOut)". Als Parameter
wird der Bezeichner einer Anfrage übergeben. Um Verklemmungen bei der Auswertung der
Vorbedingungen zu verhindern, muß gewährleistet werden, daß der Operator nach endlicher
Zeit terminiert. Hierfür muß im Parameter 'TimeOut' die maximale Ausführungdauer der
Abfrage in Sekunden angegeben werden. Terminiert die Anfrage nicht innerhalb dieser Zeit,
wird sie abgebrochen; der Operator gibt für diesen Fall den Wert FALSE zurück, ansonsten
den Rückgabewert der boolschen Anfrage 'Query'.

Die Ausdrücke, die zur Formulierung der Vorbedingungen verwendet werden können, entsprechen der Sprache, die später zur Modellierung von Integritätsregeln entwickelt wird.

Elementaroperationen

Da bei der gewählten Art der Rechtemodellierung ein daten- und nicht operationsbezoger
Ansatz verfolgt wird, stellt sich hier die Frage, wieso Rechte nun doch mit Operationen - wenn
auch elementaren - verknüpft werden sollen, warum also nicht einfach generell eine beliebige
Änderung des Workflow-Modells nach den bisher vorgestellten Parametern ausreicht.

Um diese Frage zu klären, sollen zunächst einige der vom Anpassungsdienst bereitgestellten
komplexen Änderungsoperationen hinsichtlich Ihrer Auswirkungen auf die einzelnen Aspekte
und deren Ausprägungen des Workflow-Modells WM_{WIM} untersucht werden.

Ziel ist es, die Änderungen nach Ihren Auswirkungen zu klassifizieren, um daraus eine Menge
von generischen Änderungsoperationen abzuleiten, die möglichst auf allen Aspekten ange-
wandt und intuitiv verstanden werden können. Sollte diese Menge einelementig sein, kann und
muß die Änderungsoperation aus der Rechtetupel eliminiert werden.

Komplexe Anpassung	Beschreibung	Welchen Apekten lassen sich die geänderten Teile des Workflow-Modells zuordnen
RESET	Zurücksetzen des Konstrukts	Zustandsaspekt wird geändert
REPEAT	Wiederholtes Ausführen des Konstrukts	Zustandsaspekt wird geändert
PRESTART	Vorzeitiges Starten	Zustandsaspekt wird geändert
SKIP	Auslassen des Konstrukts	Zustandsaspekt wird geändert

Abbildung 3.3: Operationen des Anpassungsdienstes hinsichtlich ihrer Auswirkungen auf
einzelne Aspekte und deren Ausprägungen des Workflow-Modells

Komplexe Anpassung	Beschreibung	Welchen Apekten lassen sich die geänderten Teile des Workflow-Modells zuordnen
ADD_PARALLEL	Paralleles Hinzufügen eines Konstruktes	Änderung des Verhaltens des bestehenden Konstrukts durch Hinzufügen eines neuen Konstrukts im Funktionalen Aspekt.
ADD_ROW	Hinzufügen eines Konstruktes in eine Reihe	Änderung des Verhaltens des bestehenden Konstrukts durch Hinzufügen eines neuen Konstrukts im Funktionalen Aspekt.
ADD_CONDITION	Hinzufügen als bedingte Verzweigung	Änderung des Verhaltens des bestehenden Konstrukts durch Hinzufügen eines neuen Konstrukts im Funktionalen Aspekt.
ADD_SEQUENTIAL	Sequentielles Hinzufügen	Änderung des Verhaltens des bestehenden Konstrukts durch Hinzufügen eines neuen Konstrukts im Funktionalen Aspekt.
DELETE_PARALLEL	Löschen in einer Parallelverzweigung	Änderung des Verhaltens des bestehenden Konstrukts und Löschen eines Konstrukts aus dem Funktionalen Aspekt.
DELETE_ROW	Löschen aus einer Reihe	Änderung des Verhaltens des bestehenden Konstrukts und Löschen eines Konstrukts aus dem Funktionalen Aspekt.
DELETE_CONDITION	Löschen aus einer bedingten Verzweigung	Löschen einer Regel des Konstrukts. Die Regel ist Ausprägung des Verhaltensaspekts
DELETE_SEQUENTIAL	Löschen aus einer Sequenz	Änderung des Verhaltens des bestehenden Konstrukts und Löschen eines Konstrukt aus dem Funktionalen Aspekt.
RULE_OVERRULE	Überstimmen einer Pfadbestimmung	Änderung des Verhaltens.
ADD_DOCUMENT	Dokument zum Dokumentenfluß hinzufügen.	Änderung der globalen Datendefinition durch Hinzufügen neuer Datendeklaration. Diese wird durch den Informationsaspekts beschrieben.
DELETE_DOCUMENT	Dokument aus dem Doumentenfluß löschen	Änderung der globalen Datendefinition, durch Löschen eines Datums aus Datendeklaration
DOC_CHANGE_RW	Ändern der Schreib/Leserechte auf ein Dokument. Definiert den Datenfluß.	Änderung des Datenflußes, der durch den Informationsaspekt beschrieben wird.
DATA_CHANGE_RW	Ändern der Schreib/Leserechte auf Workflowkontrolldaten	Änderung des Datenflußes, der durch den Informationsaspekt beschrieben wird.
CHANGE_RIGHTS	Ändern der Anpassungsrechte an einem Konstrukt	Änderung von Workflowteilen, die durch den Rechteaspekt beschrieben werden.
CHANGE_ROLE	Ändern der Rollenzuordnung	Änderung von Workflowteilen, die durch den Organisationsaspekt beschrieben werden.
CHANGE_DURATION	Ändern der definierbaren Zeitdauern	Änderung des Temporalen Aspekts.
CHANGE_DATE	Ändern der definierten Datumsangaben	Änderung des Temporalen Aspekts.
CHANGE_TOACTION	Ändern der bei Ausführen eines Timeouts ausführbaren Aktion	Ersetzen eines Konstrukts. Dies ist eine Änderung der Beschreibung dessen, was ausgeführt werden soll, ist also Teil dessen, was durch den Funktionalen Aspekt beschrieben wird.

Abbildung 3.3: Operationen des Anpassungsdienstes hinsichtlich ihrer Auswirkungen auf einzelne Aspekte und deren Ausprägungen des Workflow-Modells

In den meisten Fällen lassen sich zwei spezielle Änderungen auf Teile des Workflow-Schemas erkennen. Es ist einmal das Hinzufügen sowie das Entfernen von Informationseinheiten, die gerade den Ausprägungen einzelner Aspekte entsprechen, die im vorherigen Abschnitt identifiziert wurden. Auf Grund dieser Einteilung und in Anlehnung an relationale Datenbanksysteme, die ebenfalls eine daten- und nicht operationsbezogene Rechtevergabe verwenden, werden die elementaren Änderungsoperationen "Insert", "Update" und "Delete" festgelegt. Update ist dabei für die Anpassungen auf Aspekten oder deren Ansprägungen definiert, für die Insert und Delete nicht definiert wurden.

Semantik und Anwendbarkeit dieser elementaren Änderungoperationen müssen allerdings noch zur Vollständigkeit für alle Aspekte und Ausprägungen des Workflow-Modells WM_{WIM} definiert werden.

Operation	Aspekt.Aspektausprägung	Auswirkungen auf Aspekt
insert	FA	Einfügen neuer Konstrukte in das Konstrukt K_R.
	FA.<Name>	Einfügen eines speziellen Konstrukts <Name> in K_R. Dies ist dann wünschenswert, wenn der Anpassungsdienst einen speziellen Pool von vordefinierten Konstrukten anbietet.
update	FA	Nicht definiert.
delete	FA	Löschen von Konstrukten aus K_R oder von K_R selbst.
	FA.<Name>	Löschen eines speziellen Konstrukts <Name> aus K_R.
intert	VA	Einfügen von Aspektausprägungen des Verhaltensaspekts, für die Insert-Operation definiert ist. Siehe VA.condition.
	VA.condition[.<Name>]	Einfügen neuer Regeln erlauben. Bei Angabe von <Name> kann dies für eine spezielle Regel ausgedrückt werden.
	VA.structtype	Nicht definiert, da nur der Wert von structtype geändert werden kann.
update	VA	Ändern von Aspektausprägungen des Verhaltensaspekts, für die Update-Operation definiert ist. Siehe VA.condition, VA.structtype.
	VA.condition[.<Name>]	Ändern von [speziellen] Regeln.
	VA.structtype	Ändern des Typs eines Konstrukts. Beispiel: PARALELL zur FREESEQUENCE.
delete	VA	Löschen von Aspektausprägungen des Verhaltensaspekts, für die Delete-Operation definiert ist. Siehe VA.condition, VA.structtype.
	VA.condition[.<Name>]	Löschen von [speziellen] Regeln.
	VAstructtype	Nicht definiert. Siehe (VA, structtype, insert, ...).

Tabelle 3.1:   Semantik der Elementaroperationen bzgl. deren Auswirkungen auf einzelne Aspekte und deren Ausprägungen des Workflow-Modells

Operation	Aspekt.Aspektausprägung	Auswirkungen auf Aspekt
insert	IA	Einfügen von Aspektausprägungen des Informationsaspekts, für die die Insert-Operation definiert ist.
	IA.data	Einfügen neuer Datendefinitionen in das globale Datentemplate.
	IA.outputlist[.<Name>] I IA.inputlist[.<Name>]	Einfügen neuer Datenreferenzen in die Ein- und Ausgabelisten von Aktvitäten, die den Datenfluß beschreiben. Bei Angabe von <Name> kann dies auf spezielle Daten des globalen Datentemplates eingeschränkt werden.
update	IA	Ändern von Aspektausprägungen des Informationsaspekts, für die die Update-Operation definiert ist.
	IA.data[.<Name>]	Ändern von globalen Datendefinitionen. Bei Angabe von <Name> wird dies auf ein einzelnes Datum beschränkt. Dabei wird nicht zwischen Typ und Wert unterschieden.
	IA.outputlist I IA.inputlist	Nicht definiert.
delete	IA	Löschen von Aspektausprägungen des Informationsaspekts, für die die Delete-Operation definiert ist.
	IA.data[.Name]	Löschen von Daten möglich. Bei Angabe von <Name> kann dies auf ein einzelnes Datum beschränkt werden.
	IA.outputlist[.<Name>] I IA.inputlist[.<Name>]	Löschen aus der jeweiligen Liste. Bei Angabe von <Name> kann dies auf einzelne Elemente der Listen beschränkt werden.
insert	ZA	Nicht definiert, da der Zustandraum statisch ist.
update	ZA	Ändern des Zustands des Konstrukts K_R.
delete	ZA	Nicht definiert.
insert	ORGA	Einfügen neuer Rollenbezeichner.
	ORGA.<Name>	Einfügen eines speziellen Rollenbezeichners.
update	ORGA	Nicht definiert.
delete	ORGA	Löschen von Rollenbezeichner.
	ORGA.<Name>	Löschen eines speziellen Rollenbezeichners.
insert	OPA	Nicht definiert.
update	OPA	Ändern des Attributs 'activityImplementation'.
delete	OPA	Nicht definiert.
insert	TA	Nicht definiert, da die nichtberechneten Zeitpunkte und -dauern statisch den Konstrukten assoziiert und mit Defaultwerten vorbelegt sind.
update	TA	Ändern von allen temporalen Attributen von K_R möglich.
	TA.<Name>	Ändern des speziellen Zeitattributs <Name>.
delete	TA	Nicht definiert, siehe insert.
insert	ARA	Einfügen neuer Rechtetupeln erlauben.
update	ARA	Bearbeiten aller Rechtetupeln.
	ARA.<Name>	Bearbeiten der speziellen Rechtetupel <Name>.
delete	ARA	Löschen aller Rechtetupeln.
	ARA.<Name>	Löschen der speziellen Rechtetupel <Name>.
insert	IA	Einfügen neuer Integritätsregeln.
update	IA	Bearbeiten aller Integritätsregeln.
	IA.<Name>	Bearbeiten der speziellen Integritätsregel <Name>.
delete	IA	Löschen aller Integritätsregeln.
	IA.<Name>	Löschen der speziellen Integritätsregel <Name>.

Tabelle 3.1: Semantik der Elementaroperationen bzgl. deren Auswirkungen auf einzelne Aspekte und deren Ausprägungen des Workflow-Modells

Rolle

Dies ist eine Liste beliebiger Rollenbezeichner. Die Auflösung der Bezeichner muß den Work-flow-Bearbeiter enthalten. Als besondere Rolle ist "$everybody" möglich, die das Änderungs-recht jeder beliebigen Person zuteilt.

RTyp

Mit diesem boolschen Parameter wird festgelegt, ob eine Tupel ein vergebendes oder ein ein-schränkendes Änderungsrecht beschreibt. Da sich dadurch widersprüchliche Rechte modelle-rieren lassen, besitzen Verbote eine höhere Priorität als erlaubende Rechte.

Verbote wären formal nicht erforderlich, da sie die Ausdruckskraft des Rechteaspekts nicht erhöhen; sie erleichtern aber die Modellierung. Beispielweise soll ein bestimmtes Recht einer Menge von Personen M_1 gegeben werden, außer einer kleinen Untermenge dieses Personen-kreises M_2, mit $M_1 \subset M_2$: Ohne die Möglichkeit von Verboten müßte dann jeder berechtig-ten Person aus $M_1 \setminus M_2$ einzeln das entsprechende Recht gegeben werden, ohne eine neue Rolle definieren zu müssen, die den gewünschten Personenkreis beschreibt. Mit Verboten kann man einfach der Gruppe M_1 das Recht geben und den Mitgliedern der Gruppe M_2 das Anpassungsrecht wieder nehmen.

3.1.4 Validierung der Anpassungsrechtemodellierung

Zur Überprüfung der Ergebnisse sollen die Rechte für einige der untersuchten Anwendungs-fälle modelliert und auf Schwachstellen hin untersucht werden. Grundsätzlich soll bei Nichtan-gabe von Rechten von keinen initial vergebenen Rechten ausgegangen werden. Die Notation der Vorbedingungen, die der von Integritätsregeln entspricht, ist an dieser Stelle vorwegge-nommen.

Anwendungsfall 1: Zur Aktivität *WN_Bewerbungsfrist_abwarten* wird das Änderungsrecht *ar_{11}* definiert. Damit wird allen Personen die Änderung des Endtermins erlaubt. Eine Ein-schränkung dieses Termins erfolgt über die Integritätsregeln. In Variation 2 des Anwendungs-falls soll einer bestimmten Person dieses Änderungsrecht nicht gegeben werden. Dies ermöglich mit Hinzunahme der Rechtetupel *ar_{12}*:

ar_{11} = (TA, $TerminationDate, Update, $oldState<>completed, $everybody, true)

ar_{12} = (TA, $TerminationDate, Update, true, <Spezielle Person>, false)

Anwendungsfall II: Die Knoten *RN_Start und RN_Bewerbungsfrist* sollen Eintritts- und Austrittsknoten des Konstruktes K_r sein. Diesem Konstrukt wird die Rechtetupel ar_{21} zugefügt. Dies erlaubt zwar das Einfügen weiterer Aktivitäten oder Konstrukte, nicht aber die Bearbeitung und Anpassung eines neuen eingefügten Konstrukts K_s an die erforderlichen Gegebenheiten, wie z.B. die Festlegung seines organisatorischen Aspekts. Dies kann durch Vergabe des Rechts zur Änderung des Änderungsrechts für nur neue Konstrukte mit den Rechte ar_{22} bis ar_{24} erreicht werden. Im weiteren Bearbeitungsprozeß können sich Bearbeiter also zunächst die Änderungsrechte zur Anpassung aller Aspekte des neuen Konstrukts K_s geben, um vor dem Abschluß dieser Anpassungen den Rechteaspekt von K_s wieder einzuschränken.

$ar_{21} = (TF, NIL, Insert, true, <Rollen_1>, true)$.

$ar_{22} = (RA, NIL, insert, true, <Rollen_1>, true)$

$ar_{23} = (RA, WN\_Bewerbungsfrist\_abwarten, insert, true, <Rollen_1>, false)$

$ar_{24} = (RA, WN\_Interessenten\_benachrichtigen, insert, true, <Rollen_1>, false)$

Die Rechtemodellierung erlaubt ferner, das Einfügen von Konstrukten auf spezielle Konstrukte einzuschränken. Beispielsweise könnten vom Anpassungsdienst nur Aktivitäten aus einem Vorlagenpool zum Einfügen dem Bearbeiter angeboten werden. Durch Festlegung der Aspektausprägungen, was für den funktionalen Aspekt Konstrukte sind, können spezielle Aktiviäten zum Einfügen freigegeben bzw. davon ausgeschlossen werden. Das Recht zum Einfügen eines speziellen Konstrukts wird mit ar_{25} demonstriert. Da dieses Konstrukt mit entsprechenden Anpassungsrechten "fertig" modelliert im Pool zur Verfügung stehen könnte, müßte die etwas umständliche Konstruktion durch die Rechte ar_{22} *bis* ar_{24} zur nachträglichen Vervollständigung des neuen Konstrukts nicht gewählt werden.

$ar_{25} = (FA, WN\_Gutachten\_einholen, insert, true, <Rollen_1>, true)$

Anwendungsfall III: Zum Toplevel-Konstrukt K_1 wird das Recht ar_{31} definiert. Die Änderung des Zustands von K_1 und damit des gesamten Workflows wird dadurch nur für das Zurücksetzen des Workflows durch die Projektleiterin möglich.

$ar_{31} = (ZA, NIL, update, (\$CHANGE\_OPERATION="Abort"), \$Projektleiter, true)$

Anwendungsfall IV: Zu dem Konstrukt K_r, das die Aktivität *WN_Besichtigung* enthält, wird das Anpassungsrecht ar_{41} definiert. Das Löschen der Aktivität *WN_Besichtigung* ist damit nur möglich, wenn es noch nicht gestartet oder beendet wurde.

$ar_{41} = (FA,\ WN\_Besichtigung,\ delete,$

$\quad NOT\ (WN\_Besichtigung.\ OldState\ ISIN\ (completed,\ started)),\ <Rollen_1>,\ true)$

Eine andere Möglichkeit der Modellierung wäre, das Anpassungsrecht direkt an die Aktivität *WN_Besichtigung* zu binden:

$ar_{42} = (FA,\ NIL,\ delete,\ NOT\ (OldState\ ISIN\ (completed,\ started)),\ <Rollen_1>,\ true)$

Anwendungsfal VII: Die Aktivität K_a soll innerhalb des übergordneten Sequenz-Konstrukts K_r verschoben werden können. Da für das Verschieben weder eine komplexe Änderungsoperation des Anpassungsdienstes existiert noch eine entsprechende Elementaroperation zur Änderung des Verhaltensaspekts des Workflows besteht, muß die Modellierung eines entsprechenden Anpassungsrechts durch Vergabe von Rechten erfolgen, die das Ausschneiden und Einfügen von K_a innerhalb von K_r erlauben. Als Voraussetzung wird angenommen, daß das Kontrukt K_a nach dem Löschen aus einer Zwischenablage zum Einfügen wiederverwendet werden kann.

Die Modellierung erfolgt mit den Anpassungsrechten ar_{71} und ar_{72}. Über Integritätsregeln muß ferner festgelegt werden können, daß K_a in K_r enthalten sein muß.

$ar_{71} = (FA,\ K_a,\ delete,\ NOT(\ K_a.OldState\ ISIN\ (completed,\ started)),\ <Rollen_1>,\ true)$

$ar_{72} = (FA,\ K_a,\ insert,\ true,\ <Rollen_1>,\ true)$

Bewertung

Die gewählte Metamodellierung der Anpassungsrechte mit den entsprechenden Erweiterungen des Workflow-Modells WM_{WIM} erweist sich zumindest zur Modellierung der in den Anwendungsfällen benötigten rechtlichen Einschränkungen von Anpassungen als ausreichend.

Durch den datenzentrierten Ansatz können alle Elemente des Workflow-Schemas vor Anpassungen geschützt bzw. dafür freigegeben werden. Über Vorbedingungen können Beziehungen zwischen den Änderungen am Workflow-Schema und den Workflow-Zuständen sowie der verwendeten Anpassungsoperation des Anpassungsdienstes ausgedrückt werden. Ferner lassen sich über Vorbedingungen externe Aktivitäten einbinden, z.B. für synchrone Rückfragen.

Es kann daher vermutet werden, daß die spezifizierte Rechtemodellierung für das konkrete Workflow-Modell WM$_{WIM}$ hinreichende Ausdrucksmittel und Werkzeuge zur Einschränkung dynamischer Workflow-Anpassungen darstellt. Es kann ferner angenommen werden, daß die der Rechtemodellierung zugrundeliegende Metamodellierung der Anpassungsrechte auf andere Workflow-Modelle übertragen werden kann.

3.2   Konsistenz und Integrität

Bei der Untersuchung der Anforderungen an anpassungsfähige Workflow-Management-Systeme wurde mit einem informellen, nicht spezifizierten Verständnis des Begriffs "Konsistenz" gearbeitet. Dabei wurde unter Konsistenz "unversehrt und ausführbar" verstanden.

In diesem Kapitel sollen die Begriffe Konsistenz und Integrität hinsichtlich ihrer Einordnung in die Workflow-Management-Thematik genauer untersucht werden. Ziel ist es, Definitionen zu erhalten, anhand derer die Anforderungen 'Unversehrtheit' und 'Ausführbarkeit' formaler beschrieben und damit durch anpassungsfähige Workflow-Management-Systeme verifiziert und gewährleistet werden können.

Abgrenzung

Zum Begriff Konsistenz läßt sich folgendes finden:

> "Dieser Begriff wird in verschiedenen Teilgebieten der Informatik unterschiedlich benutzt. Man bezeichnet Aussagen, Formeln, Modelle oder Systeme als konsistent, wenn sie "in sich stimmig" sind, wenn sie also keinen Unsinn ergeben, keine Widersprüche enthalten, mit der Realität in Einklang stehen, bzw. keine undefinierten Zustände annehmen können. Die Erhaltung der Konsistenz spielt bei jeder Informationsverarbeitung eine zentrale Rolle, wobei sich die Konsistenz sowohl auf die zu verarbeitenden Daten und die dadurch repräsentierten Modelle (z.B. in Datenbanken) als auch auf die verarbeitenden Systeme bezieht." [MeDu93]

Verfahren zur Sicherstellung der Konsistenz von Workflow-Management-Systemen (den verarbeitenden Systemen) und der von ihnen zu verarbeitenden Daten (Workflow-Schemata und deren Instanzen) sind Gegenstand gegenwärtiger Forschung. Die hohe Zuverlässigkeit und Verfügbarkeit eines heterogenen und weitverteilten Systems zur Vorgangsbearbeitung ist eine wesentliche Voraussetzung für dessen Nutzen und dessen Akzeptanz. Die grunsätzliche Problemstellung ist die parallele Verarbeitung von Workflows unter Verwendung gemeinsamer Betriebsmittel. Hierbei lassen sich zwei Problembereiche unterscheiden: Einerseits ist es notwendig, Mechanismen zur Synchronisation der Prozesse bereitzustellen, um einen logischen Einbenutzerbetrieb zu ermöglichen. Anderseits sind Fehler und Ausnahmebehandlung notwendig. Weder Daten noch Abläufe dürfen durch Systemausfälle, Kommunikationsfehler, Fehler während der Ausführung von Vorgängen oder beliebigen Ausnahmen verloren gehen oder inkonsistent werden.

Wesentliche Merkmale von langandauernden Vorgängen[1] verhindern aber die Anwendung des klassischen ACID-Transaktionskonzepts zur Sicherung von Zuverlässigkeit und Konsistenz von Workflow-Anwendungen [RSS97]:

- Langandauernde Vorgänge sollten oder können nicht im transaktionalen Sinn zurückgesetzt und wiederholt werden, da dies unter Umständen zu teuer ist. Beispielsweise könnten sehr viele Informationen verloren gehen, die für sich genommen korrekt waren.

- Langandauernde Vorgänge beteiligen viele Klienten und diese auch gleichzeitig.

- Langandauernde Vorgänge sind nicht unbedingt von vorneherein vollständig spezifizierbar.

Im Rahmen aktueller Forschungen wird deshalb zur Sicherung der Konsistenz von Workflows vor allem an der Weiterentwicklung bzw. der Integration erweiterter Transaktionskonzepte gearbeitet. Beispiele solcher Konzepte sind 'Relaxed Transaction Modells', 'Split- and Join-Transactions', 'Flexible Transactions' [RSS94] oder 'Trigger and Transactions' [Day90].

Diese Arbeiten entwickeln also Mechanismen und Konzepte zur Konsistenzerhaltung bei der Workflow-Ausführung über die gesamte Vorgangsdauer. Im Gegensatz dazu hat man es bei der Untersuchung von Workflow-Anpassungen mit sehr kurzen Vorgängen zu tun. Ferner kann man von folgenden Annahmen ausgehen:

- Die Änderungen sollten auch im transaktionalen Sinn zurückgesetzt werden können.

- Änderungen werden nur durch wenige Klienten und eher selten durchgeführt.

Diese Voraussetzungen und Annahmen erlauben die Schlußfolgerung, das klassische Transaktionskonzept für die Sicherung der Unversehrtheit von Workflows bei Anpassungen anwenden zu können, ohne daß es dabei zu Verklemmungen oder teuren Verlusten von Informationen kommt. Aufgrund dessen sollen und brauchen die Begrifflichkeiten für Konsistenz und Inte-

---

[1] Im Vergleich zu den Ausführungszeiten klassischer Transaktionsvorgänge stellen bereits kürzere Workflows relativ langlebige Vorgänge dar.

grität aus den Forschungsgebieten zu erweiterten Transaktionskonzepten nicht für Workflow-Anpassungen übertragen zu werden[1]. Eine mögliche Übertragung der Begriffe soll deshalb, wenn möglich, aus dem Bereich der Datenbankverwaltungssysteme, die auf dem Prinzip der klassischen ACID-Transaktionskonzepts beruhen, erfolgen.

3.2.1 Datenbankverwaltungsprogramme

Ein Produkt der Entwicklung von Datenbankverwaltungsprogrammen ist die Transaktionsverarbeitung, die wegbereitende Konzepte für verteilte und fehlertolerante Systeme bereitstellt.

Eine Transaktion ist eine ununterbrechbare Folge von Vorgängen zur Manipulation der Daten, welche die Datenbank von einem logisch konsistenten Zustand in einen neuen logisch konsistenten Zustand überführt. Dem ACID-Prinzip folgend hat das Datenbankverwaltungsprogramm für alle Transaktionen die vier Kriterien Atomizität, Konsistenz, Isolation und Dauerhaftigkeit sicherzustellen. Für das Kriterium Konsistenz ist festgelegt, daß

- die Datenbank sich bei Beginn der Transaktion in einem konsistenten Zustand befindet;
- während dem Ablauf einer Transaktion sich einige Daten in inkonsistentem Zustand befinden können;
- die Datenbank sich zum Abschluß einer Transaktion wieder in einem konsistenten Zustand befindet.

Kurzgefaßt ist eine Transaktion konsistenzerhaltend. Dabei wurde noch kein Kriterium zur "Messung" der Konsistenz angegeben. Ein solches ist die Aussage: Jede Transaktion erzeugt, ausgehend von einem konsistenten Zustand, wieder einen korrekten Datenbank-Zustand bzgl. aller Integritätsregeln [Reu92]. Dabei wird zwischen folgenden Integritätsregeln unterschieden:

---

[1]Ein Beispiel für eine solche Definition ist: "Ein Vorgang ist konsistenzerhaltend, wenn er vollständig, dauerhaft und semi-isoliert ist." [MD97].

Strukturelle Integritätsregeln

Bei der Abbildung des Informationsmodells auf ein konkretes Datenmodell entstehen Abhängigkeiten zwischen den Objekten. Folgendes Miniaturdatenmodell sei gegeben:

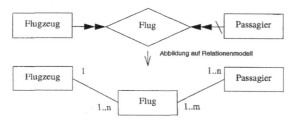

Damit das Datenmodell ein gültiges Abbild des Informationsmodells bleibt, müssen bei Ände-
rungsoperationen zu einer Relation Fortpflanzungen auf andere Relationen beachtet werden.
Beispielsweise müssten beim Löschen eines Eintrags in der Passagier-Relation alle auf diesen
Passagier verweisende Einträge in der Flug-Relation gelöscht werden.

Zur Überwachung der strukturellen Integrität bieten relationale Datenbanksysteme Regeln zur
Definition von Entitäts- und referenzieller Integrität an. Entitätsintegrität fordert, daß Attribute
des Primärschlüssels einer Relation keine Nullwerte annehmen dürfen. Referenzielle Integrität
fordert, daß jeder Wert eines Fremdschlüssels in einer Relation R_1 (Flug) einem Wert des Primärschlüssels der betreffenden Relation R2 (Passagier) entsprechen muß oder aber, daß der
Wert des Fremdschlüssels ein Nullwert ist. Beide zusammen werden als relationale Invarianten bezeichnet.

Semantische Integritätsregeln

Dies sind Regeln und Restriktionen aus der frühen Phase des Systementwurfs, die in der Miniwelt des Datenmodells für die Objekte, Operationen und Ereignisse gelten sollen.

Das Ziel ist dabei, nur sinnvolle, der Semantik der jeweiligen Anwendungswelt angemessene
Datenbankinhalte zuzulassen. Dabei umfaßt das Attribut "sinnvoll" ein Spektrum, welches von
Tatsachen der Realität bis hin zu organisatorischen, rechtlichen oder politischen Regeln reicht.
Um die möglichen[1] Inhalte einer Datenbank auf zulässige einzuschränken, werden semanti-
sche Integritätsbedingungen aufgestellt, die während des Betriebs der Datenbank überwacht
werden müssen [Lip89].

---

[1]im Sinne des durch die strukturellen Integritätsregeln eingeschränkten Relationenmodells.

In dem vorgestellten Minidatenmodell wäre es zum Beispiel sinnvoll, die Zahl der Passagiere pro Flug einzuschränken. Ferner sollte überprüft werden, daß Passagiere nicht für Flüge eingetragen sind, die sich zeitlich überschneiden.

Datenbanksysteme bieten auch hierfür verschiedene Konzepte an: Über Datenintegritätsregeln können Datenwerte auf sinnvolle Werte eingeschränkt werden. Mit Hilfe des Trigger-Konzepts können datenbank-interne, definierbare Programme bei Eintritt bestimmer Ereignisse ausgeführt werden, die beispielsweise Prüfungen oder Kompensationsmaßnahmen durchführen und gegebenenfalls Inkonsistenz anzeigen.

3.2.2 Workflow-Management-Systeme

Workflow-Management-Systemen und Datenbanksystemen ist gemein, daß ihre zu verwaltenden Daten Modelle realer Anwendungsbereiche repräsentieren.

Informationsmodelle, die beispielsweise durch Entity-Relationship-Modelle erfaßt und ausgedrückt werden können, müssen zur Handhabbarkeit durch ein konkretes Datenbankverwaltungssystem in dessen Datenmetamodell übersetzt werden. Das daraus resultierende Datenmodell unterscheidet sich von anderen Datenmodellen für das gleiche Informationsmodell dann, wenn die Übersetzung in unterschiedliche Datenmetamodelle erfolgt. Ein Datenmodell, basierend auf einem Relationenmetamodell, unterscheidet sich zum Beispiel von einem entsprechenden Datenmodell, das man bei einer Modellierung in ein hierarchisches Datenmetamodell erhält.

Arbeitsvorgänge müssen zur Ausführung durch ein konkretes Workflow-Management-System in dessen Workflow-Modell (Workflow-Sprache) übersetzt werden. Das Produkt dieser Übersetzung ist ein Workflow-Schema. Dieses Workflow-Schema unterscheidet sich für den gleichen Arbeitsvorgang von anderen Workflow-Schemata, wenn diesen ein anderes Workflowmetaschema-Modell zugrundeliegt. Beispielsweise unterscheiden sich die Workflow-Schemata für den gleichen Arbeitsvorgang in PDL, FlowMark oder MSL[1].

---

[1]FlowMark ist die Workflow-Sprache des Workflow-Management-Systems FlowMark von IBM.
MSL (Mobile Script Language) ist die Workflow-Sprache des Workflow-Management-Systems MOBILE, das im Rahmen der Workflow-Forschung am Lehrstuhl für Datenbanken der Universität Erlangen-Nürnberg entstand.

Für beide Modelle, sowohl Workflow-Modell als auch Datenmodell, kann ferner ausgesagt werden, daß sie abgeschlossene Miniwelten[1] der realen Anwendungsumgebung mit festdefinierten Objekten mit Attributen, Beziehungen, möglichen Operationen und einem wohldefinierten Wertebereich beschreiben. Durch die Abgeschlossenheit von Workflow- wie Datenmodellen sowie der beobachteten Symmetrie der Abbildungen kann daher folgende Relation erfolgen: Bei konkreten Workflow-Modellen (Workflow-Sprachen) handelt es sich um Datenmodelle, die das Informationsmodell 'Arbeitsvorgang' auf Basis des Datenmetamodells 'Workflow-Metamodell' repräsentieren.

Unter Annahme dieser Abbildung müssen sich für Workflow-Modelle strukturelle Integritätsprobleme finden lassen. Ein Beispiel hierfür wurde in den Anforderungen mit Anwendungsfall 4 gegeben: Darin wird eine Aktivität gelöscht. Ist diese aber als Knoten im Datenfluß notiert, so liegt eine Inkonsistenz vor, sofern der Datenfluß nicht entsprechend angepaßt wird. In der Datenbank-Terminologie liegt hier eine referenzielle Integritätsverletzung vor.

Wird das Ausführungsmodell eines Workflow-Management-Systems als Teil des Datenmodells aufgefaßt, lassen sich mit Hilfe struktureller Integritätsregeln auch Zusicherungen über wohldefinierte Zustandsübergänge des Workflows und damit dessen Ausführung beschreiben[2].

Die Anforderungen zeigten ferner, daß sich in einigen Anwendungsfällen Rahmenbedingungen ergaben, die allein durch die Workflow-Sprache nicht ausdrückbar waren. In den Anwendungsszenarien 1 und 7 dürfen Änderungen nicht durchgeführt werden, wenn sie bestimmte Rahmenbedingungen nicht erfüllen. Hierzu gehören beispielsweise die Einhaltung eines Termins oder die Forderung zur Durchführung einer Aktivität innerhalb eines bestimmten Subworkflows. Die einzuhaltenden Rahmenbedingungen können also im Sinne der oben getroffenen Abbildung als semantische Integritätsbedingungen betrachtet werden.

Arbeitsdefinition: Konsistenz ist die Korrektheit eines Workflows bezüglich seiner strukturellen und semantischen Integrität.

---

[1]closed world assumption.
[2]Tatsächlich basieren einige Workflow-Management-Systeme auf Trigger- oder ECA-Konzepten, wie sie von aktiven Datenbanken zur Verfügung gestellt werden [Day90]

Anhand dieser Definition kann also die Konsistenz eines Workflows sichergestellt werden, indem für diesen strukturelle wie semantische Integrität gewährleistet wird. Hierzu müssen allerdings strukturelle wie semantische Integrität des Datenmodells, hier also des Workflow-Modells, vollständig untersucht, spezifiziert und in einer geeigneten Sprache beschreibbar sein, beispielsweise durch relationale Invarianten, um durch das Workflow-Management-System verifiziert werden zu können.

3.3   Strukturelle Integrität

Nach der Definition des Konsistenzbegriffs für Workflows muß die strukturelle Integrität eines Workflow-Modells beschreibbar sein, um die Konsistenz von Workflows überprüfen zu können. Für die Erweiterung des Workflow-Management-Systems SWATS, um Mechanismen zur Einschränkung von Anpassungen unter Zusicherung der Unversehrtheit von Workflows aufgrund des definierten Konsistenzbegriffs, sind somit folgende Punkte zu erfüllen:

1. Das Workflow-Modell WM_{WIM}, einschließlich seines Ausführungsmodells, muß hinsichtlich seiner strukturellen Integrität untersucht werden. Entsprechende Regeln müssen spezifiziert werden.

2. Das Workflow-Modell WM_{WIM} muß um eine hinreichend ausdrucksstarke Sprache zur Darstellung der strukturellen Integritätsregeln erweitert werden, die eine Überprüfung zur Laufzeit bei Anpassungen ermöglicht.

Für die Umsetzung der Konzepte müssen die Komponenten zur Durchführung und Verifikation von Anpassungen erweitert bzw. entworfen werden, dies erfolgt im Kapitel Entwurf (siehe Seite 86):

3. Für den Anpassungsdienst WIM muß transaktionale Funktionalität bei der Bearbeitung von Workflow-Instanzen sichergestellt werden.

4. Die MCM-Komponente muß zur Interpretation der Integritätsregeln und deren Verifikation auf dem Workflow-Modell entworfen werden.

3.3.1 Analyse der strukturellen Integrität des SWATS-Workflow-Modells

Bei der Konzeption und Spezifikation der Anpassungsrechte wurden bereits vollständig die Informationsanteile verschiedener Aspekte des Workflow-Modells WM_{WIM} identifiziert und klassifiziert, um für diese spezifische Anpassungsrechte beschreiben zu können. Auf einer abstrakten Ebene der Rechtemodellierung wurden diese als Aspektausprägungen bezeichnet. Auf der Darstellungsebene wurden Aspekte und deren Ausprägungen im WM_{WIM} durch Objekte und deren Attribute ausgedrückt.

Die strukturellen Abhängigkeiten des 'Workflow-Modell WM_{WIM}' können damit modular für Aspekte und deren Ausprägungen untersucht werden, indem ihre entsprechenden Objekte oder Attribute der Darstellungsebene auf Abhängigkeiten zu anderen Objekten untersucht werden. Wenn möglich, wird zur Bezeichnung von Objekten oder Attributen die in der Rechtemodellierung entworfene indirekte Form verwendet, da diese Bezeichner später bei der Modellierung der Integritätsregeln verwendet werden können.

In diesem Kapitel wird unter dem Workflow-Modell WM_{WIM} das Workflow-Schema einschließlich dessen Ausführungsmodells, wozu die zur Ausführung des Workflows notwendigen Zustandsinformationen gehören, verstanden.

Funktionaler Aspekt

Funktionale Einheiten werden im Workflow-Modell WM_{WIM} durch die abstrakten Konstruktobjekte 'StructNode' repräsentiert. Strukturobjekte können dabei in anderen Strukturobjekten eingebettet sein. Nur das Toplevel-Konstrukt wird nicht von Strukturknoten, sondern durch das Prozess-Objekt 'SWATSProcess' assoziiert. Ferner enthalten nur die abgeleiteten Strukturknoten des Typs 'ACTIVITY' keine weiteren Strukturknoten.

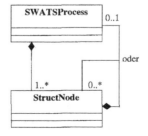

Abbildung 3.4: Abhängigkeiten zwischen Stukturknoten- und Workflow-Prozeß-Objekten

Komposite Workflows bis hin zum Toplevel-Workflow werden durch diese Objektbeziehungen gebildet. Da das Workflow-Modell WM_{WIM} als Objektmodell realisiert ist, sind die referenziellen Abhängigkeiten der funktionalen Einheiten immanent durch die Assoziationen modelliert.

Die Korrektheit dieser Abhängigkeiten kann vorausgesetzt werden, wenn ,ausgehend von einer korrekten Workflow-Instanz, Einfüge- und Lösch-Operationen durch den Instance-Manager korrekt ausgeführt werden. Hiervon wird ausgegangen. Wäre dem nicht so, würden nicht-korrekte Objektreferenzen entstehen, die sogar die korrekte Ausführung des Instance Managers gefährden würden. Die korrekte strukturelle Abhängigkeit der funktionalen Einheiten muß somit für das Workflow-Modell WM_{WIM} nicht durch explizite Integritätsregeln überwacht werden; sie ist immanent durch dessen Objektmodell gegeben.

Für andere Workflow-Sprachen könnte sich dies anders verhalten: In MOBILE beispielsweise, müssen alle in einem Workflow verwendeten Subworkflows innerhalb des Konstrukts 'SUB-WORKFLOW' deklariert werden. Als referenzielle Integritätsabhängigkeit müßte hier formuliert werden, daß alle verwendeten Subworkflows auch tatsächlich an anderer Stelle deklariert sind.

Verhaltensaspekt

Bei der Modellierung der Anpassungsrechte, wurden die Aspektausprägungen 'condition' und 'structtype' des Verhaltensaspekts für das Workflow-Modells WM_{WIM} identifiziert. Für beide müssen eventuelle strukturelle Abhängigkeiten untersucht werden.

Bei der Analyse des Funktionalen Aspekts wurde festgestellt, daß Strukturknoten des Typs 'ACTIVITY' keine weiteren Strukturknoten assoziieren. Diese Einschränkung kann auf das Problem verallgemeinert werden, daß die unterschiedlichen Ableitungen des Strukturknotenobjekts 'StructNode' nur dann sinnvolle Workflows zusammenbauen, wenn sie eine spezielle Zahl an Strukturknoten enthalten:

- Für die Strukturknoten SEQUENCE, PARALLEL und FREESEQUENCE können beliebig viele Unterknoten assoziiert werden; sinnvoll scheinen aber mindestens zwei zu sein. Für eine mögliche, korrekte Ausführung ist jedoch nur ein Unterknoten nötig, auch wenn sich dadurch eine unnötig komplexe Beschreibung des Workflows ergibt.
- Für die Strukturknoten OPTIONAL und WHILE ist jeweils nur ein Unterknoten zulässig.

- Die Knoten EXISTENCE, LIMITATION, DELAY und CONDITION erfordern genau zwei Unterknoten.

Es müssen also Integritätsregeln formulierbar sein, die, abhängig vom Typ eines Strukturknotens, die Mindest- und Maximalzahl der enthaltenen Subknoten einschränken. Der Typ eines Knotens ist Wert der Aspektausprägung 'structtype'.

Mit 'condition' werden die Bedingungen bezeichnet, die für die zwei Konstrukte 'WHILE' und 'CONDITION' angegeben werden müssen. Diese entscheiden über das Verhalten des entsprechenden Konstrukts. Mit dem 'CONDITION'-Konstrukt können verschiedene Unterkonstrukte abhängig von der Auswertung der Bedingungen gestartet werden; für das 'WHILE'-Konstrukt dienen sie zur Definition der Abbruchbedingung.

Die semantische Korrektheit dieser Bedingungen müsste eigentlich als zu gewährleistende strukurelle Integrität überprüft werden können. Hierzu müssten die in den Regeln verwendeten Objekte (z.B. Daten, Objektzustände), mit Hilfe derer Aussagen formuliert werden, zunächst syntaktisch interpretiert werden. Aus diesem Grund wird begrenzt durch den Umfang der vorliegenden Arbeit lediglich das Vorhandensein von Bedingungen bei bestimmten Konstrukttypen, jedoch nicht deren Auswertung als Regel für die strukturelle Integrität des Wokflow-Modells WM_{WIM} aufgenommen.

Als weitere strukturelle Abhängigkeit kann für die Aspektausprägung 'condition' die Eindeutigkeit einer Regel aufgenommen werden. Als Schlüssel zur Identifizierung einer Regel dient deren Name. Die Entität einer Bedingung innerhalb eines Konstrukts ist somit Teil der strukturellen Integrität des Wokflow-Modells WM_{WIM}. Die Eindeutigkeit des Namens einer Bedingung wird allerdings bereits durch geeignete Implementierung des Workflow-Instance-Servers garantiert.

Informationsaspekt

Mit 'data' wurden die Aspektausprägungen 'Globale Daten' des Informationsaspekts identifiziert. Für globale Daten läßt sich nur die stukturelle Abhängigkeit finden, daß keine zwei Datenbezeichner den gleichen Namen tragen dürfen. Diese Entitätsintegrität ist durch eine geeignete Implementierung des Template-Objekts gewährleistet, das die globalen Datenfelder bereitstellt.

Als weitere Ausprägungen des Informationsaspekts wurden bei der Modellierung des Anpassungsrechteaspekts die Ein- und Ausgabenlisten von Aktivitäten identifiziert. Diese werden mit 'outputlist' und 'inputlist' bezeichnet. Anhand dieser Listen wird der Datenfluß des Workflows beschrieben. Als Teil der strukturellen Integrität ist daher zu gewährleisten, daß jeder in einer Liste verwendete Datenbezeichner einem entsprechenden Datenfeld im globalen Daten-Template "gegenübersteht". Diese referenziellen Abhängigkeiten müssen als Teil der strukturellen Integrität des Wokflow-Modells WM_{WIM} aufgenommen werden.

Für den durch die Ein- und Ausgabelisten inhärent beschriebenen Informationsfluß ist noch das Problem uninitialisierter Daten zu lösen. Wird beispielsweise eine Aktivität A gelöscht, die als erste das Datum D schreibt und im Kontrollfluß mit Sicherheit vor Aktivität B ausgeführt wird, die dieses Datum lesen möchte, so wäre D uninitialisiert und der Workflow somit in einem inkonsistenten Zustand. Allgemeiner ausgedrückt, müßte im Kontrollfluß für jedes Datum vor der ersten Senke mit Sicherheit eine Quelle liegen. Dieses Problem wird aus der Sphäre der strukturellen Integrität in die der semantischen Integrität definiert: Im Workflow-Modell WM_{WIM} existieren nur globale Daten. Es existiert für alle Datentypen ein definierter Wert für "nichtinitialisierte" Daten; dieser wird Nullwert genannt. Werden Daten vor der Ausführung des Workflows nicht initialisiert, belegen sie den ausgezeichneten Nullwert. Der Wert aller Daten ist somit beim Start des Workflows bekannt. Soll nun aber für die Senke 'Aktivität B' sichergestellt werden, daß der Wert für D vor Beginn der Ausführung von B tatsächlich mit einem vernünftigen Wert belegt wurde, muß anhand semantischer Integritätsregeln sichergestellt werden können, daß das Datum D vor Beginn der Aktivität B nicht mehr den ausgezeichneten Nullwert belegt.

Organisatorischer Aspekt

Für die Abbildung des organisatorischen Aspekts bietet das Workflow-Modell WM_{WIM} an, beliebig viele Rollenbezeichner einer Aktivität zuzuordnen. Diese müssen zur Laufzeit vom Organisationsmanager ausgewertet werden, um sie entsprechenden Agenten zuordnen zu können. Als strukturelle Abhängigkeit kann hier die Bedingung identifiziert werden, daß jeder im Modell verwendete Rollenbezeichner zur Laufzeit tatsächlich vom Organisationsmanager aufgelöst werden kann, oder schwächer: mindestes ein Agent bei der Auflösung aller Rollenbezeichner zurückgegeben wird. Diese Bedingung wird allerdings nicht als Teil der strukturellen Integrität des Wokflow-Modells WM_{WIM} aufgenommen, da davon ausgegangen werden kann, daß einem Workflow-Bearbeiter vom Workflow-Editor nur mögliche Rollenbezeichner beim Bearbeiten des organisatorischen Aspekts einer Aktviität angeboten werden. Stattdessen wird die wesentlich schwächere Bedingung Teil der strukturellen Integrität von WM_{WIM}, daß das Attribut des Konstruktobjekts 'ACTIVITY', welches zur Aufnahme der Rollenbezeichner dient, nicht leer sein darf.

Operationaler Aspekt

Wie für die Ausprägung 'condition' des Verhaltensaspekts und aus denselben Gründen sollen die Implementierungsanweisungen, die Teil des operationalen Aspekts sind und die Bindung einer Aktivität an eine Applikation definieren, nicht auf ihre semantische Korrektheit überprüft werden. Als strukturelle Integritätsbedingung soll lediglich sichergestellt werden können, daß für Konstruktobjekte des Typs 'ACTIVITY' die Implementierungsanweisung nicht leer ist.

Temporaler Aspekt

Als Ausprägungen dieses Aspekts stehen Bezeichner zur Verfügung, die zeitliche Restriktionen für die Ausführung einer Aktivität festlegen. Dadurch können beispielsweise die frühesten und spätesten Start- bzw. Endtermine der Ausführung absolut oder relativ zum Workflow-Startzeitpunkt oder dem Konstrukt-Startzeitpunkt festgelegt werden. Durch die Belegung mit einem ausgezeichneten Nullwert sind die entsprechenden Zeitmarken nicht "aktiv". Ferner stellt dieser Aspekt Zeitmarken zur Verfügung, auf die nur lesender Zugriff besteht und die die tatsächliche Ausführung der Aktivität zeitlich protokollieren. Die Zeitmarken lassen sich also in Soll- und Istdaten einteilen und können auch als spezielle Menge von Ausprägungen des Informationsaspekts betrachtet werden.

Für diese Marken bestehen folgende strukturellen Abhängigkeiten:

- Die Zeitmarken innerhalb einer Aktivität müssen dem zeitlichen Kontinuum entsprechen. So darf der früheste Starttermin nicht nach dem spätesten Endtermin liegen.

- Ferner dürfen nur sinnvolle zeitliche Abhängigkeiten unter den Aktvitäten bestehen. So darf zum Beispiel innerhalb einer Sequenz der früheste Starttermin einer Aktviität A nicht nach dem spätesten Starttermin der Aktivität B liegen, wenn die Aktivität A im Kontrollfluß vor Aktivität B modelliert ist.

Die Einhaltung dieser strukturellen Abhängigkeiten wird durch den Workflow-Editor gewähr-leistet. So werden die zeitlichen Abhängigkeiten und Restriktionen eines Workflows in einer speziellen Sicht dargestellt und können darin bearbeitet werden. Die Darstellung erfolgt dabei proportional zu den Zeitmarken, weshalb eine Überprüfung geänderter Werte bereits im Editor erfolgt, um unsinnige Darstellungen zu vermeiden.

Zustandsaspekt

Der Zustandsaspekt dient zur Beschreibung der Zustandsräume, in denen sich funktionale Ein-heiten bewegen können. Aspektausprägung ist der Zustand einer funktionalen Einheit. Bei der Workflow-Ausführung wird der Fortgang eines Workflows anhand seines aktuellen Zustands berechnet. Hierfür definiert jede Konstruktart eine spezielle Ausführungssemantik. Durch die Komposition verschiedener Konstrukte wird der Kontrollfluß strukturiert definiert. Der Zustandsaspekts kann damit als spezieller Teilbereich des Verhaltensaspekts interpretiert wer-den.

Abbildung 3.5:   Vereinfachter Zustandsraum für Konstrukte mit möglichen Übergängen bei der Workflow-Ausführung.

Auf Basis der möglichen Zustandsübergänge wird die Ausführungssemantik des Workflow-Modells WM_{WIM} beschrieben. Für das sehr vereinfachte Zustandsmodell in Abb. 3.5 kann zum Beispiel die Ausführungssemantik für die Sequenz wie in Abb. 3.6 beschrieben werden. Die Aktivität A_{i+1} kann erst dann gestartet werden, wenn ihre Vorgänger-Aktivität A_i abgeschlos-sen wurde.

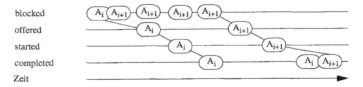

Abbildung 3.6:   Zustandsübergangsdiagramm für die Sequenz

Die Überführung von Zuständen anhand von Zustandsübergängen im Sinne der Ausführungssemantik ist Aufgabe der Vorgangssteuerung, auch Workflow-Engine genannt. Dieser müssen
hierfür nur die korrekten Zustandsübergänge bekannt sein, nicht aber die Menge korrekter
Zustandskombinationen, die sich durch die Menge an möglichen Zustandsübergänge erreichen
lassen.

Bei Workflow-Anpassungen an Zustandsaspektausprägungen besteht allerdings die Gefahr,
daß der innere Gesamtzustand für ein Konstrukt, der sich als Kreuzprodukt der Zustände aller
Unterknoten ausdrücken läßt, einen nicht sinnvollen Zustand im Sinne der Ausführungssemantik erhält. Dies ist dadurch möglich, da sich die Anpassungen nicht entlang definierter
Zustandsübergänge bewegen müssen, da dies nicht durch den Workflow-Editor oder dem
Anpassungsdienst überprüft wird. Ein Beispiel hierfür wäre, in einer Sequenz den Zustand der
Aktivität A_i auf 'started' zurückzusetzen, während Aktivität A_{i+1} bereits beendet ist. Im Sinne
der strukturierten Modellierung und Ausführung eines Workflows entspricht das Bearbeiten
des Zustandsaspekts einem Goto in der strukturierten Programmierung.

Zur Sicherung der strukturellen Integrität müssen sich durch Integritätsregeln folglich nicht die
Menge der korrekten Zustandsübergänge, sondern die Menge der korrekten inneren Zustandskombination für Konstrukte modellieren lassen. Ferner müssen sich korrekte beidseitige Über-
gänge zwischen dem Einzelzustand eines Konstrukts und seinem inneren Gesamtzustand
modellieren lassen, um die strukturelle Integrität des Workflow-Ausführungsmodells gewährleisten zu können. Für das Sequenz-Konstrukt (SK) könnte die Ausführungssemantik bei n
Unterkonstrukten (UK), die von 1 bis n nummeriert sind, folgendermaßen spezifiziert werden:

(Für $0<i<n$ muß gelten: Wenn sich UK_i nicht im Zustand 'completed' befindet, muß der
Zustand von UK_{i+1} 'blocked' sein) und (Wenn sich der Zustand von SK im Zustand 'started'
befindet, darf sich UK_1 nicht im Zustand 'blocked' befinden) und (Wenn sich UK_n im Zustand
'completed' befindet, muß der Zustand von SK 'completed' sein).

Anpassungsrechteaspekt

Ausprägungen des Anpassungsrechteaspekts sind die Rechtetupeln, die an Konstrukte assoziiert werden. In ihnen werden alle identifizierten und klassifizierten Aspektausprägungen des
Workflow-Modells WM_{WIM} referenziert, um darauf Rechte für elementare Anpassungsoperationen zu vergeben. Hierbei bestehen folgende strukturelle Abhängigkeiten:

- Die Bezeichner für Aspekte und Aspektausprägungen müssen definiert und eindeutig sein. Die Eindeutigkeit des Namens soll entsprechend der Eindeutigkeit globaler Datenbezeichner durch geeignete Implementierung der Anpassungsrechte im Workflow-Modell des Workflow-Instance-Servers garantiert werden.

- Die Aspektausprägungen referenzieren auf alle möglichen Objekte und Attribute des Workflow-Modells. Für diese referenziellen Abhängigkeiten müssen strukturelle Integritätsregeln beschreibbar sein.

- Die Ausdrücke in den Vorbedingungen, wie später zu sehen sein wird, können ebenfalls auf die verschiedenen Objekte und Attribute und deren Kombinationen referenzieren.

Integritätsaspekt

Da semantische Integritätsregeln als Ausprägung des Integritätsaspekts wie alle Informations-anteile des Workflow-Modells bearbeitet werden können, muß deren strukturelle Integrität ebenfalls gewährleistet werden. Dies kann erfolgen, ohne deren Spezifikation kennen zu müssen:

Da zur Gewährleistung der Konsistenz eines Workflows WM_{WIM} sowohl strukturelle als auch semantische Integritätsregeln durch die MCM-Komponente überprüft werden müssen, kann ein struktureller Integritätsfehler für die semantischen Integritätsregeln dann angezeigt werden, wenn bei deren Auswertung ein Fehler auftritt.

Dasselbe gilt für die strukturellen Integritätsregeln. Auch wenn diese nicht durch einen Work-flow-Bearbeiter angepaßt werden können, müssen sie für eine mögliche Überprüfung der Kon-sistenz eines Workflows in irgendeiner Art und Weise modelliert sein, um verifiziert werden zu können. Tritt bei der Auswertung einer Regel ein Fehler auf, muß eine strukturelle Integri-tätsverletzung einer strukturellen Integritätsregel angezeigt werden.

3.3.2   Strukturelle Integritätsregeln für das SWATS-Workflow-Modell

Die Analyse des Workflow-Modells WM_{WIM} ergab, daß folgende strukturellen Abhängigkei-ten bestehen, die durch eine geeignete Modellierung durch Integritätsregeln beschreibbar sein müssen, um durch die MCM-Komponente Teile der strukturellen Integrität verifizieren zu können:

1. Zahl der Unterknoten ist abhängig vom Typ eines Konstruktobjekts.

2. Kontroll-Bedingungen müssen für bestimmte Konstruktobjekttypen vorhanden sein.

3. Referenzielle Abhängigkeit zwischen den in Ein- und Ausgabelisten verwendeten Datenbezeichnern, die den Datenfluß beschreiben, und den global deklarierten Daten.

4. Das Attribut des Konstruktobjekts 'ACTIVITY', welches zur Aufnahme der Rollenbezeichner dient, darf nicht leer sein.

5. Das Attribut des Konstruktobjekts 'ACTIVITY', welches zur Aufnahme der Implementierungsanweisung dient, darf nicht leer sein.

6. Der Zustandsraum eines Konstrukts, der sich aus dem Kreuzprodukt des Konstruktzustands und den Zuständen seiner Unterkonstrukte ergibt, enthält eine spezifische Teilmenge von Zuständen, die abhängig vom Konstrukttyp im Sinne der Ablaufsemantik korrekt sind.

7. Referenzielle Abhängigkeit zwischen allen in den Anpassungsrechten verwendeten Bezeichnern für Modell-Ausprägungen und den entsprechenden Objekten des Workflow-Modells.

Durch die Verifikation dieser Regeln durch die MCM-Komponente in Kombination mit den Kontrollmechanismen des Workflow-Instance-Managers und dem Workflow-Editor kann die strukturelle Integrität des Workflow-Modells WM_{WIM} zugesichert werden.

Die Integritätsregeln werden in die vier Klassen Kardinalitäts-Integrität (Abhängigkeiten 1 und 2), Entitäts-Integrität (Abhängigkeiten 4 und 5), referenzielle Integrität (Abhängigkeiten 3 und 6) sowie Datenintegrität (Abhängigkeit 6) eingeteilt. Datenintegrität besteht in dem Sinn, daß die Kombination der Zustände nur bestimmte Werte in dem möglichen Zustandsraum einnnehmen darf.

Es kann angemerkt werden, daß auch eine "weichere" strukturelle Integrität für das Modell definierbar wäre. Allerdings müßten dann die tatsächlich immer noch vorhandenen strukturellen Abhängigkeiten durch geeignete Modellierung der semantischen Integritätbedingungen gesichert werden. Dies hätte den Vorteil, daß strukturelle Abhängigkeiten für bestimmte Workflow-Bereiche verletzt werden könnten, solange dies für die Ausführung des Workflows nicht von Bedeutung ist. Beispielsweise könnten die Regeln 4 und 5 als strukturelle Integritätsbedingungen gelöscht werden. Dadurch wären zunächst auch Workflow-Schemata "konsistent", die nicht vollständig modelliert sind. Allerdings müssten durch semantische Integritätbedingungen gerade diese beiden strukturellen Abhängigkeiten mit geeigneter Wahl von Prämissen derart modelliert werden, daß spätestens vor der Ausführung der unvollständigen Konstrukte deren Definition vervollständigt werden muß. Dies wiederum wäre nur dann sinnvoll, wenn die semantischen Integritätsregeln nicht nur bei Workflow-Anpassungen, sondern auch im normalen Betrieb des Workflow-Management-Systems mit den Workflow-Instanzen verifiziert würden.

Bindung

Entsprechend der Arbeitsdefinition, die aus der Abbildung der Konsistenz für Datenmodelle hervorgeht, sind die strukturellen Integritätsregeln Invarianten, die für ein Workflow-Modell aufgestellt werden können. Ist der Zustand eines Workflows bezüglich der strukturellen Integritätsregeln konsistent, so müssen alle Invarianten erfüllt sein.

Invarianten sind für die gesamte Ausführungzeit des Workflows und für das gesamte Datenmodell gültig. Die Bindung der Regeln an den Workflow erfolgt damit global. Obgleich der globalen Bindung müssen die Integritätsregeln aber auf alle Strukturknoten angewendet werden, da die Analyse und informelle Spezifikation von Teilen der Ausführungssemantik relativ zu den Strukturknoten erfolgte.

Abbildung 3.7:   Attribute und Zuordnung des Objekts StructIntegrity durch Assoziation an das Konstruktobjekt.

Invarianten auf Basis der Aussagenlogik

Wie der Name bereits ausdrückt, sind innerhalb struktureller Abhängigkeiten logische Abhängigkeiten zwischen Einzelaussagen zu erkennen. Beispielsweise wird die Zahl der Unterknoten eines Konstruks von dessen Typ abhängig gemacht. Gegenstand der zweistelligen Aussagenlogik ist es, die einzelnen Wahrheitswerte des Wertebereichs {true,false} von atomaren Aussagen für kompliziertere Aussagen zu verknüpfen und auf den den gleichen Wertebereich abzubilden.

Für die Integritätsregeln werden hierfür die zweistelligen Funktionen Konjunktion und Disjunktion sowie die einstellige Negation durch boolsche Operatoren realisiert, wobei für alle die Abbildung $f: [true, false]^n \rightarrow [true, false]$ gilt. Die Spezifikation der Syntax der Integritätsregeln lautet in der BNF-Notation:

<integrity rule> ::=   (<expression>)
                    | <integrity rule> AND <integrity rule>
                    | <integrity rule> OR <integrity rule>
                    | NOT <integrity rule>

Es ergibt sich, daß das Ergebnis atomarer Aussagen (<expression>) ebenfalls boolean sein muß und daß somit in den atomaren Aussagen geeignete Operatoren benötigt werden, welche die Eigenschaften des Workflow-Modells auf boolsche Werte abbilden.

Zunächst sollen die Bezeichner definiert werden, anhand derer die benötigten Objekte und deren Attribute des Workflow-Modells WM_{WIM} referenziert werden können:

Bezeichner	Typ	Modelleigenschaft bzgl. eines Konstrukts (Typ: 'StructNode')
nodecount	Integer	Anzahl der Unterknoten bezüglich einem Konstrukt.
structtype	String	Konstrukttyp. Beispiele: 'ACTIVITY', 'SEQUENCE'.
inputlist.elementcount	Integer	Zahl der Daten in der Leseliste für Aktivitäten.
outputlist.elementcount	Integer	Zahl der Daten in der Schreibliste für Aktivitäten.
inputlist.element(<X>)	String	Liefert den x-ten Bezeichner aus der Leseliste als String.
outputlist.element(<X>)	String	Liefert den x-ten Bezeichner aus der Schreibliste als String.
role	String	Liefert den Inhalt des Attributs 'Role' des Objekts 'ACTIVITY', das zur Beschreibung der organisatorischen Aspekte einer Aktivität dient.
impl	String	Liefert den Inhalt des Attributs 'implstr' des Objekts 'ACTIVITY', das zur Beschreibung der operationalen Aspekte einer Aktivität dient.
node(<X>).	StructNode	Liefert das x.-te Unterkonstrukt eines Konstrukts als Typ StructNode zurück. Dadurch können für das referenzierte Konstrukt dessen weitere Eigenschaften referenziert werden. Existiert das referenzierte Konstrukt nicht, wird ein ausgezeichneter Nullwert zurückgegeben.
name	String	Der Name eines Konstrukts.
condition	String	Liefert die Definition der Bedingung.
state	String	Liefert den Status eines Konstrukts.

Abbildung 3.8:   Bezeichner für Objekte und deren Attribute des Workflow-Modells WM_{WIM} in den Integritätsregeln

Es bleibt, Vergleichsoperationen zu definieren, die die Eigenschaften des Workflow-Modells auf boolsche Werte abbilden:

<expression> ::=   <string_val> = <string_val>
                    | <int_val> [= | > | >= | <= | <] <int_val>

<string_val> :=   <model_string> | <String>

<int_val> ::=   <model_integer> | <Integer>

< model_string> ::=   [<node>]<model_str>

< model_integer> ::= [<node>]<model_int>

<model_str> ::=	**structtype l inputlist.element (<integer>)**
	l outputlist.element (<integer>) l role l impl
<model_int> ::=	**nodecount l inputlist.elementcount l outputlist.elementcount**
<node> ::=	**node (<integer>) . [<node>].**

String- und Integer-Typen werden hier nicht weiter aufgelöst. Strings werden mit " begrenzt; als Wert ist auch der Nullstring "" zulässig. Um die Länge von Strings feststellen zu können, wird das Prädikat 'Length' bereitgestellt:

<int_val> ::=   Length (<string_val>)

Zur Verkürzung der Beschreibung von Ausdrücken, in denen derselbe Wert über Disjunktion auf Gleichheit mit einem von mehreren Werten verglichen wird, dient der Operator 'ISIN':

<expression> ::=	**<string_val> ISIN (<string_list>)**
<string_list> ::=	**<string_val> [, <string_list>]**

Hierdurch kann der Ausdruck *(State = "A") OR (State = "B") OR ... OR (State = "X")* auf *"A" ISIN ("A", "B", ... , "X")* verkürzt werden.

Zwischen den Aussagen bestehen oft Relationen wie "Wenn A, dann B". Diese Implikationen können in der Aussagenlogik durch die Formel $\neg A \vee B$ ausgedrückt werden. Zur übersichtlicheren Darstellung soll in der Syntax der Integritätsregeln für "NOT (A) OR (B)" alternativ die syntaktische Abkürzung "A->B" verwendbar sein:

<integrity rule> ::=   <integrity rule> -> <integrity rule>

Ferner sind Operatoren notwendig, die die Existenz von Objekten oder Attributen des Workflow-Modells überprüfen lassen.

<integrity rule> ::=   DATA_EXISTS (<string_val>)

'DATA_EXISTS' liefert dann 'true', wenn der übergebene Bezeichner mit dem Namen eines globalen Datums übereinstimmt.

Erweiterung um prädikatenlogische Elemente

Im folgenden sollen die zu prüfenden Integritätsbedingungen durch die spezifizierte aussagenlogische Sprache für die Integritätsregeln beschrieben werden:

1. Zahl der Unterknoten ist abhängig vom Typ eines Konstruktobjekts. Exemplarisch werden die Regeln für die drei Konstruktarten ACTIVITY, WHILE und SEQUENCE modelliert:

$Rule_{11} = (structtype="ACTIVITY")->(nodecount=0)$

$Rule_{12} = (structtype="WHILE")->(nodecount=1)$

$Rule_{13} = (structtype="SEQUENCE")->(nodecount>0)$

2. Kontroll-Bedingungen müssen für bestimmte Konstruktobjekttypen vorhanden sein:

$Rule_{21} = (structtype\ ISIN\ ("WHILE","CONDITION"))->(Length(condition)>0)$

3. Die Attribute des Konstruktobjekts 'ACTIVITY', welche zur Aufnahme der Rollenbezeichner und Implementierungsanweisung dienen, dürfen nicht leer sein:

$Rule_{31} = (structtype = "ACTIVITY")->(Length(role)>0)$

$Rule_{32} = (structtype = "ACTIVITY")->(Length(impl)>0).$

Die beiden Regeln könnten, wie andere auch, zusammengefaßt werden. Allerdings sollte bei Eintreten einer Konsistenzverletzung aufgrund der Integritätsregel eine möglichst genaue Lokalisierung des Problems möglich sein. Hierzu bleiben die Regeln getrennt, da sie zwei grundsätzlich verschiedene strukturelle Abhängigkeiten des Workflow-Modells sicherstellen.

4. Der Zustandsraum eines Konstrukts, die sich aus dem Kreuzprodukt des Konstruktzustands und den Zuständen seiner Unterkonstrukten ergibt, enthält eine spezifische Teilmenge von Zuständen, die, abhängig vom Konstrukttyp, im Sinne der Ablaufsemantik korrekt sind:

Zur Veranschaulichung der Modellierung der entsprechenden Regeln gelte der bereits verwendete vereinfachte Zustandsraum für Konstrukte Z : *{blocked, offered, started, completed}*. Für das analysierte Sequenz-Konstrukt ergeben sich bei drei Unterkonstrukten ohne Berücksichtigung des eigenen Zustands des Sequenz-Kontrukts für den Zustandsraum der Unterknoten folgende Integritätsregel:

$Rule_{41} = (node(1).state\ IN\ ("blocked", "offered", "started")) -> (node(2).state = "blocked")$

$Rule_{42} = (node(2).state\ IN\ ("blocked", "offered", "started")) -> (node(3).state = "blocked")$

Dieses Beispiel zeigt zunächst, daß bei der verwendeten Sprache die Komplexität der Beschreibung der erlaubten Zustandskombination schnell mit der Zahl der Einzelzustände und der Zahl der Unterkonstrukte zunimmt. So ergibt sich bei n Unterkontrukten und bei Berücksichtigung des Zustands des Sequenz-Kontrukts der Zustandsraum Z^{n+1}, der auf eine gültige Teilmenge einzuschränken ist.

Weiterhin verdeutlicht das Beispiel die Problematik, daß die Regeln jeweils nur für Sequenz-Konstrukte mit gleicher Anzahl an Unterknoten anwendbar sind. Dies wäre vertretbar, wenn keine Anpassungen an dem Workflow-Modell durchgeführt werden würden, was aber der Motivation der vorliegenden Arbeit widerspricht.

Bei Anpassungen eines Konstrukts durch Einfügen oder Entfernen von Unterkonstrukten stimmen die für den Zustandsaspekt entworfenen "statischen" Integritätsregeln nach dem Durchführen einer Anpassung nicht mehr überein. Nach der Durchführung der Anpassungen würden bei der Verifikation grundsätzlich Konsistenzverletzungen angezeigt werden; es sei denn, die Zahl der Unterkonstrukte entspricht nach der Durchführung mehrerer Anpassungen der Zahl der Unterkonstrukte vor Beginn der Anpassungssequenz.

Lösung 1

Nach einer Änderung der Zahl der Unterkonstrukte eines Konstrukts durch Einfügen oder Löschen werden vor der Durchführung der Verifikation die "statischen" Integritätsregeln gelöscht und durch die neuen entsprechenden "statischen" ersetzt. Die Verifikation bleibt erfolgreich.

Dieses Konzept weist folgende Schwachstellen auf:
Bei dem Entwurf von strukturellen Integritätsregeln wurde davon ausgegangen, Invarianten zu entwerfen, die für Anpassungen während der gesamten Ausführungszeit die strukturelle Integrität des Workflow-Modells sichern. Das Löschen der Invarianten, um sie durch neue, dem neuen Sachverhalt angemessenen zu ersetzen, widerspricht der Motivation für deren Einsatz. Die Integritätsregeln für den Zustandsaspekt bräuchten demnach nicht mehr ständig an Konstrukte assoziert sein, sondern könnten direkt vor der Verifikation hierzu erzeugt werden. Die Erzeugung kann allerdings nur durch die WCM-Komponente durchgeführt werden, da sie den Aufbau der Integritätsregeln und den aktuellen Aufbau des Workflows kennt. Somit entstünde die Konstruktion, daß Integritätsregeln durch eine Komponente erzeugt würden, um im Anschluß daran durch dieselbe Komponente überprüft zu werden.

Lösung 2

Die Erzeugung der Integritätsregeln durch die MCM-Komponente müsste für die Lösung nach Ansatz 1 dynamisch erfolgen, da die Zahl der Unterkonstrukte eines Konstrukts prinzipiell nicht eingeschränkt ist. Hierzu muß der generierenden Komponente in irgendeiner Art und Weise der korrekte Zustandsraum für alle Konstruktarten bekannt sein. Ferner muß sie zur korrekten Erzeugung der Regeln Zugriff auf Konstrukte auf deren Eigenschaft besitzen. Mit diesen Voraussetzungen könnte die Komponente allerdings direkt die Verifikation des Zustandsaspekts für die Kontrukte übernehmen statt hierfür Integritätsregeln zu erzeugen, um sie danach selbst auszuwerten.

Eine solche algorithmisch kodierte Verifikation könnte mit dem Trigger-Konzept von Datenbankverwaltungsprogrammen verglichen werden. Verallgemeinert könnte man alle strukturellen Integritätsregeln algorithmisch kodieren. (Teilweise) algorithmisch kodierte Regeln könnten eventuell zur Effizienzsteigerung der Verifizierung des Modells dienen. Die Prüfprogramme könnten auch direkt den Konstruktobjekten des Workflow-Modells WM_{WIM} "implantiert" werden, damit diese selbstständig die Sicherung der strukturellen Integrität übernehmen. Diese sehr implementierungsnahe Umsetzung wird zunächst nicht weiterverfolgt, da hierdurch die Übertragbarkeit des Ansatzes auf andere Workflow-Modelle verloren geht, die nicht durch ein Objektmodell repräsentiert dargestellt werden.

Lösung 3

Soll das Konzept der Invarianten beibehalten werden, muß die Ausdrucksmächtigkeit der Integritätsregelsprache, die auf der Aussagenlogik basiert, erweitert werden. In der bisherigen Sprache war es nicht möglich auszudrücken, daß eine Eigenschaft für alle "Objekte" einer Menge gilt.

Aufgrund dessen wird die Sprache um prädikatenlogische Eigenschaften erweitert: Es wird ein sehr spezieller Allquantor zur Verfügung gestellt, der durch den Operator FORALL umgesetzt wird. Die Einschränkung liegt darin, daß für den Typ der Variablen nur 'Integer' zulässig ist:

\<integrity rule\> ::=	FORALL (\<id\>, \<start_int\>, \<end_int\>, \<integrity rule\>)
\<id\> ::=	\<String\>
\<start_int\> ::=	\<model_integer\>
\<end_int\> ::=	\<model_integer\>
\<int_val\> ::=	ADD (\<model_integer\> I \<Integer\>)

Der Operator ersetzt alle Vorkommen der gebundenen Variable \<id\> in der inneren übergebenen Integritätsregel und wertet die Regeln nacheinander für alle Werte ab \<start_int\> bis \<end_int\> aus. Die Ersetzung erfolgt auf Zeichenebene, weshalb ein geeigneter Variablenbezeichner gewählt werden muß, der keine fehlerhaften Ersetzungen produziert.

Die Spezifikation erlaubt eine Mehrfachanwendung des Quantors.

Mit Hilfe des arithmetischen Operators 'ADD', der die Summe zweier Integer-Werte berechnet und zurückgibt, können die Integritätsregeln für den Zustandsaspekt formuliert werden. Beispielhaft erfolgt dies wiederum für das Sequenz-Konstrukt:

$Rule_{41}$ = (structtype="SEQUENCE") ->(
    FORALL ($X, 1, nodecount,
        (NOT (node($X).state = "completed")) -> (
            node(ADD($X,1)).state = "blocked"
)
)
)

$Rule_{42}$ = ((structtype="SEQUENCE") AND (state = "started")) ->(
    NOT (node(1).state = "blocked")
)

$Rule_{43}$ = (structtype="SEQUENCE") -> (
    (node(nodecount).state = "completed")) -> (state = "completed")
)

5. Referenzielle Abhängigkeit zwischen den in Ein- und Ausgabelisten verwendeten Datenbezeichnern, die den Datenfluß beschreiben, und den global deklarierten Daten:

$Rule_{51}$ = (structtype="ACTIVTY") ->(
    FORALL ($X,1,inputlist.elementcount, (DATA_EXISTS(inputlist.element($X))))
)

Entsprechendes gilt für die Ausgabeliste.

6. Referenzielle Abhängigkeit zwischen allen in den Anpassungsrechten verwendeten Bezeichnern für Modell-Ausprägungen und den entsprechenden Objekten des Workflow-Modells:

Hierfür müssen in den Integritätsregeln die Rechtetupeln analysiert und die dabei ermittelten Ausprägungen auf Existenz der entsprechenden Objekte überprüft werden. Die strukturelle Integrität der Rechtetupeln wird allerdings auch implizit bei der Überprüfung von Anpassungsrechten verifiziert. Da dies ebenfalls durch die MCM-Komponente erfolgt, kann für die Überprüfung der strukturellen Integrität das bereits algorithmisch kodierte

Wissen über den Aufbau der Rechtetupeln verwendet werden. Dieser Synergieeffekt wird für die Umsetzung der Überprüfung der strukturellen Integrität aller Anpassungsrechte eines Konstrukts durch den nullstelligen Operator 'CHECK_AR_INTEGRITY' verwendet:

<integrity rule> ::= CHECK_AR_INTEGRITY

Die Modellierung der Integritätsregel zur Überprüfung der strukturellen Integrität des Rechteaspekts des Workflow-Modells erfolgt damit durch:

Rule$_{51}$ = CHECK_AR_INTEGRITY

Die spezifizierte Sprache, die im weiteren Verlauf der Arbeit mit *IRL*$_{struct}$ bezeichnet wird, erlaubt es, alle strukturellen Abhängigkeiten, die bei der Analyse des Workflow-Modells *WM*$_{WIM}$ ermittelt wurden, zu modellieren. Die strukturelle Integrität der Workflow-Instanzen kann somit als eine der Prämissen zur Konsistenzsicherung gewährleistet werden.

3.4 Semantische Integrität

Nach der Definition des Konsistenzbegriffs für Workflows muß neben der strukturellen Integrität auch die semantische Integrität eines Workflow verifizierbar sein, um die Konsistenz des Workflows gewährleisten zu können. Die semantische Integrität kann als Menge von Forderungen per Regeln oder Restriktionen umschrieben werden, die für die Miniwelt des durch den Workflow modellierten Geschäftsprozesses erfüllt sein sollen. Die Anwendungsfälle zeigen einige solcher Forderungen. Hierzu gehören beispielsweise die Einhaltung eines Termins oder die Forderung zur Durchführung einer Aktivität innerhalb eines bestimmten Subworkflows.

Dabei stellt sich die Frage, *was* für einen Geschäftsprozess überhaupt durch solche Rahmenbedingungen eingeschränkt werden können muß. Da es sich, wie bereits erörtert, bei dem Datenmodell 'Workflow-Sprache' um eine abgeschlossene Beschreibung (closed world assumption) eines Ausschnitts von Geschäftsprozessen mit festdefinierten Objekten, deren Attributen und Relationen handelt, kann allgemein gesagt werden, daß nur Eigenchaften von Objekten und deren Attribute eingeschränkt werden können müssen, die Teil des Workflow-Modells sind. Das heißt, daß die Grundelemente von semantischen Integritätsregeln nur Teile des Workflow-

Modells sein müssen. Im Sinne der modularen Komposition müssen diese Teile[1] in Beziehung zueinander gesetzt werden können, um daraus komplexere Abhängigkeiten beschreiben zu können.

Als Anforderung an die Ausdrucksmöglichkeiten von semantischen Integritätsregeln könnte gestellt werden, daß jedes Workflow-Schema durch die Regeln derart eingeschränkt werden kann, daß keine Änderungen möglich wären, auch wenn einem Workflowbearbeiter hierfür alle Rechte zur Verfügung stehen würden. Anders ausgedrückt müsste sich dadurch für jeden Workflow eine Hülle anhand der Rahmenbedingungen modellieren lassen, die eben nur das konkrete Workflow-Schema zuläßt.

Praktisch muß diese starke Forderung aber nicht umgesetzt werden, da ein Grund für Workflow-Anpassungen gerade der ist, daß nicht alle Gegebenheiten der späteren Workflowausführung zur Modellierungszeit bekannt sind. Ferner sollen semantische Integritätsregeln, da es sich um Rahmenbedingungen handelt, nicht mit Faktoren verknüpft werden, die bei der Durchführung von Anpassungen von Interesse sind, beispielsweise mit den Berechtigungen des Workflow-Bearbeiters. Aus diesem Grund muß die Ausdrucksmöglichkeit der Integritätsregeln die Mächtigkeit des eigentlichen Workflow-Metamodells nicht vollständig beinhalten, da ja gerade durch die Vergabe von Anpassungsrechten der mögliche "Zustandsraum" des Workflows maßgebend eingeschränkt werden kann.

3.4.1 Semantische Integritätsregeln für das SWATS-Workflow-Modell

Die Sprache IRL_{struct} zur Modellierung struktureller Integritätregeln bietet bereits die Funktionalität, Objekte und deren Eigenschaften des Workflow-Modells WM_{WIM} zu referenzieren und diese in Verbindung zueinander zu setzen. Diese Sprache soll als Grundlage für die Entwicklung der Sprache IRL_{sem} zur Modellierung semantischer Integritätsregeln verwendet und um die eventuell benötigten Ausrucksmittel erweitert werden ($IRL_{struct} \subseteq IRL_{sem}$).

Bindung

Entgegen struktureller Regeln, die für das gesamte Workflow-Modell gelten müssen, können semantische Regeln Sachverhalte ausdrücken, die nur für einen kleinen Ausschnitt eines Workflows relevant sind. In Anwendungsfall 7 wird mit Nachbedingung 2 für einen Bereich

---

[1]Konstanten, wie zum Beispiel ein einzuhaltender Termin, werden dabei ebenfalls als Teil des Workflow- Modells verstanden, da sie im Informationsaspekt modelliert werden können.

des Workflow gefordert, daß darin eine bestimmte Aktivität enthalten sein muß. Diese Bedingung ist nicht unbedingt für alle anderen Bereiche des Workflows relevant. Die Bindung der semantischen Integritätsregeln an Objekte des Workflow-Modells WM_{WIM} sollte daher im Sinne der modularen Abgeschlossenheit und Wiederverwendbarkeit möglichst lokal erfolgen. Hierzu werden die semantischen Integritätsregeln den Strukturknoten assoziiert.

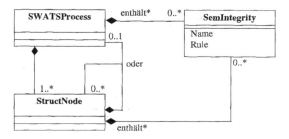

Abbildung 3.9:   Attribute und Zuordnung des Objekts SemIntegrity durch Assoziation an Prozeß- und Konstruktobjekt.

Um Bedingungen formulieren zu können, die für den gesamten Workflow relevant sind, beispielsweise die Einschränkung des Wertebereichs eines Datums, müssen auch globale Integritätsregeln modellierbar sein. Hierfür ist zusätzlich die Bindung von semantischen Integritätsregeln an den Prozeß möglich.

Erweiterung der semantischen Integritätsregeln

Entsprechend den strukturellen Integritätsregeln soll die Analyse sowie die Spezifikation der nötigen Erweiterungen der Sprache IRL_{sem} aspektweise erfolgen. In den Anwendungsfällen wurden Einschränkungen auf Terminen, auf Zuständen und Bereichseinschränkungen für das Verschieben von Aktivitäten gefordert. Weitere notwendige Anforderungen an die Ausdrucksmöglichkeiten semantischer Integritätsregeln könnten das Festsetzen von Vorgänger-, Nachfolgerbeziehungen zwischen Aktivitäten, der Existenz von Aktivitäten oder das Vorschreiben gewisser Rollen für Aktivitäten sein. Ferner könnten Einschränkungen von Datenbereichen, Verbote oder Vorschriften zur Verwendung gewisser Daten innerhalb bestimmter Bereiche notwendig sein. Für die folgenden Ausführungen soll mit K_{ir} das Konstrukt bezeichnet werden, bezüglich dessen semantische Integritätsregeln definiert werden.

Funktionaler Aspekt

IRL_{sem} erlaubt bereits Referenzierungen von Knoten, die nicht unmittelbar Unterknoten des Knotens K_{ir} sind. Dies ist über die rekursive Verwendung des 'nodes(X).'-Bezeichners möglich. Allerdings können hierbei Unterknoten nur dann gezielt referenziert werden, wenn ihr Index bekannt ist. Dies ist aber für semantische Integritätsregeln nicht wünschenswert. Stattdessen sollte eine direkte Benennung eines (auch tieferliegenden) Konstrukts, vergleichbar mit der Benennung bei der Anpassungsrechtemodellierung, möglich sein (siehe Abschnitt 3.1.3). Hierfür ist folgende Erweiterung von IRL_{sem} nötig:

  <node> ::=   **<string>. [<node>]**

Eine Referenzierung auf einen Knoten, der nicht existiert, muß mit den strukturellen Integritätsregeln abgefangen werden.

Zur Prüfung, ob sich ein Knoten unter den Unterknoten von K_{ir} befindet, wie in Anwendungsfall 7, dient der Operator 'NODE_EXISTS'. Dieser überprüft, ob der namentlich angegebene Knoten zumindest einmal im gesamten Unterbaum von K_{ir} existiert.

  <integrity rule> ::= NODE_EXISTS (<string>)

Verhaltensaspekt

Rahmenbedingungen für den Verhaltensaspekt könnten u.a. Einschränkungen hinsichtlich der Ausführungsreihenfolge von Aktivitäten sein. Hierbei soll die konkrete Realisierung des Kontrollflusses des Workflow-Modells WM_{WIM} durch Komposition der Konstruktknoten nicht von Interesse sein, da dies eine zu große Einschränkung auf explizite Strukturen bedeuten würde. Hierzu müssen sich Relationen zwischen den Aktivitäten ausdrücken lassen, die unabhängig von deren Strukturierung Aussagen über deren Ausführungsreihenfolge (Vorgänger-Nachfolger-Beziehungen) ermöglichen:

  <integrity rule> ::= PRECESSOR (<string>, <string>)
        | PERHAPS_PRECESSOR (<string>, <string>)

Der Operator 'PRECESSOR' überprüft für die beiden namentlich übergebenen Aktivitäten, ob die erste mit Sicherheit vor der zweiten ausgeführt wird. Zulässig ist dabei auch die Übergabe innerer Strukturknoten. Der zweite Operator ist bereits dann erfüllt, wenn die Struktur des Konstruktbaums eine mögliche Ausführung in der übergebenen Reihenfolge ermöglicht. Die

Anwendung der beiden Operatoren auf zwei Unterknoten des Reihen-Konstrukts K_{ir} ergibt für den ersten 'false', für den zweiten 'true'; ist K_{ir} vom Typ Sequenz, ergibt sich für beide Ausdrücke 'true'.

Zustandsaspekt

Die Sprache IRL$_{struct}$ erlaubt die Beschreibung von Zustandsräumen, die sich aus den Zuständen mehrerer Konstrukte berechnen. Dies reicht aus, um korrekte Zustandsräume, nicht aber korrekte Zustandsübergänge innerhalb dieser zu beschreiben. Hierfür ist eine Relation zwischen den Zuständen vor einer Anpassung und den Zuständen nach einer Anpassung nötig. Die Sprache *IRL*$_{sem}$ wird deshalb um den Bezeichner 'oldstate' erweitert, der den Zustand eines Konstrukts als String zurückgibt.

Beispielsweise soll eine Aktivität A nicht mehr löschbar sein, sobald Aktivität B ausgeführt wurde. Ohne der Möglichkeit des Bezugs auf den Zustand des Workflows vor der Anpassung könnte diese Integritätsregel umgangen werden, indem der Zustand von Aktivität B zurückgesetzt wird. Dadurch wäre entgegen der Rahmenbedingung das Löschen der Aktivität A möglich; Aktivität B könnte danach wieder auf 'completed' geändert werden. Dieses Beispiel ist Teil des Szenarios von Anwendungsfall 4; im Abschnitt 3.1.4 ist die Modellierung für dieses Beispiel als Vorbedingung einer Anpassungsrechtetupel zu finden.

Temporaler Aspekt

Als Ausprägungen des temporalen Aspekts besitzen alle Aktivitäten Attribute, über die sich zeitliche Restriktionen für diese festlegen lassen. Zur Verwendung dieser Attribute in den Integritätsregeln sind für die Sprache *IRL*$_{sem}$ Bezeichner nötig, die die entsprechenden Objektattribute referenzieren. Dies sind (die zurückgegebenen Werte sind jeweils vom Typ <data>):

Bezeichner	Modelleigenschaft bzgl. dem Konstrukt K_{ir}
estart	Frühester Soll-Starttermin
lstart	Spätester Soll-Starttermin
eend	Frühester Soll-Endtermin
lend	Spätester Soll-Endtermin
start	Ist-Starttermin
end	Soll-Starttermin

Abbildung 3.10: Bezeichner für temporale Attribute von Aktivitäten in den Integritätsregeln

```
<string> ::=        <date>
<date> ::=          <dd>/<mm>/<yyy>[<hr>:<min>[:<secs>]]
```

<expression> ::=	<date_val> [= | > | >= | <= | <] <date_val>
<date_val> ::=	<model_date> | <date>
<model_date> ::=	[<node>]<model_dt>
<model_integer> ::=	[<node>]<model_int>
<model_dt> ::=	estart | lstart | eend | lend | start | end

Um neben Zeitpunkten auch Aussagen über Zeiträume machen zu können, ist es notwendig, Zeitpunkte miteinander zu verrechnen. Hierzu dient der Operator 'TIME_SHIFT', der das übergebene Datum, um die mit dem zweiten Operanden übergebene Zahl an Tagen vorwärts oder rückwärts verschiebt und dieses im Format <date> zurückgibt:

<date_val> ::=	TIME_SHIFT (<date_val>, <float>)
<date_val> ::=	$NOW
<float> ::=	[-]<integer>[.<integer>]

Mit dem Operator '$NOW' kann Bezug auf das aktuelle, für jeden Auswertungszeitpunkt neu ermittelte Datum genommen werden.

Informationsaspekt

Als Ausprägungen des Informationsaspekts für das Workflow-Modell WM_{WIM} wurden globale Daten und die Ein-, Ausgabelisten der Aktivitäten, die den Informationsfluß beschreiben, identifiziert. Für beide Ausprägungen sind sinnvolle semantische Einschränkungen denkbar.

Für die globalen Daten sollte sich der Wertebereich als auch der Datentyp einschränken lassen. Um auf den Wert eines globalen Datums Bezug nehmen zu können, steht der Operator 'DATAVALUE', der abhängig vom Typ des namentlich genannten Datums einen <integer>, <float>, <date> oder <string> - Wert zurückgibt, zur Verfügung. Für globale Daten, deren Typ mit keinem Typ der Sprache IRL_{sem} übereinstimmt, wird ein <string>-Wert zurückgegeben. Ist diese Konvertierung nicht erfolgreich, ist dies ein Leerstring.

    <int_val>\|<date_val>\|<float>\|<string_val> ::= DATAVALUE(<string>)
    <string_val> ::= DATATYPE(<STRING>)

Zum Verifizieren des Typs eines Datums dient der Operator 'DATATYPE' dessen Resultat ein Element der Menge T : { "integer", float"", "date", "string", "unknown" } sein kann. Ist keine Übertragung auf Datentypen der Sprache IRL_{sem} möglich, wird der im Modell verwendete Wortlaut des Datentyps zurückgegeben. Ist dies nicht möglich wird "unknown" zurückgegeben.

Neben den Operatoren zur Beschreibung der Datenintegrität sollten auch Einschränkungen hinsichtlich der Ein- und Ausgabelisten formuliert werden können. So wäre es denkbar, für eine Aktivität garantieren zu wollen, daß sie Senke und Quelle für ein bestimmtes Datum ist. Hierzu dienen die beiden Operatoren 'ISININPUTLIST' und 'ISINOUTPUTLIST', die für das namentlich übergebene Datum ermitteln, ob es Element der entsprechenden Liste ist:

> **<integrity rule> ::= ISININPUTLIST(<string>)**
> **| ISINOUTPUTLIST (<string>)**

Organisatorischer Aspekt

Für die Ausprägung dieses Aspekts wurde bereits der Bezeichner 'role' definiert, der die gesamte Definition des Organisatorischen Aspekts für eine Aktivität zurückgibt. Um feststellen zu können, ob eine Rolle innerhalb dieser Definition enthalten ist, wird der Operator 'ISINROLELIST' definiert:

> **<integrity rule> ::= ISINROLELIST(<string>)**

Für die Formulierung der Integritätsregeln könnte ferner von Interesse sein, wer der aktuelle Workflow-Bearbeiter ($ROLE_EDITOR) ist. Diese Information kann beispielsweise als Teil der Prämisse von Regeln eine sehr selektive Wirkung auf die semantischen Bedingungen ausüben. Ferner werden in gleicher Weise Operatoren definiert, die Informationen über den aktuellen Agenten einer Aktviität ('$ROLE_AGENT), dem Administrator eines Workflows ($ROLE_ADMIN) und dem Modellierer des ursprünglichen Workflow-Schemas ($ROLE_DESIGNER) geben:

> **<string_val> ::= $ROLE_EDITOR | $ROLE_AGENT | $ROLE_ADMIN**
> **| $DESIGNER**

Operationaler Aspekt

Für die Ausprägung dieses Aspekts wurde bereits der Bezeichner 'impl' definiert, der die gesamte Implementierungsanweisung einer Aktivität zurückgibt. Eine detailliertere Auflösung soll nicht möglich sein.

Anpassungsrechteaspekt und Integritätsaspekt

Die Ausprägungen des Anpassungsrechteaspekts sind die Anpassungsrechtetupeln, die des Integritätsaspekts die semantischen Integritätsregeln. Hinsichtlich beider Aspekte könnte für die Ausdrucksfähigkeit der Sprache IRL_{sem} von Nutzen sein, die Existenz von speziellen Rechtetupeln oder Integritätsregeln überprüfen zu können. Die beiden Operatoren erwarten jeweils den Namen einer Tupel oder einer Regel:

> <integrity rule> ::=   **AREXISTS(<string>)**
>
> <integrity rule> ::=   **IREXISTS(<string>)**

Erweiterungen für die Verwendung als Vorbedingungen von Anpassungsrechten

Bei der Spezifikation der Anpassungsrechte wurde die Syntax und Semantik der Vorbedingungen nicht angegeben. Dies kann nun geschehen: Für die Vorbedingungen sind Ausdrücke der Sprache IRL_{sem} erlaubt.

Bei der Spezifikation der Anpassungsrechte wurden allerdings Operatoren als Teil der Vorbedingungen angegeben, die noch nicht als Elemente der Sprache IRL_{sem} spezifiziert sind; dies soll nun dargestellt werden.

Für Anpassungen, bei denen eine große Abhängigkeit zwischen der Änderungsoperation des Anpassungsdienstes und den Zuständen des Workflows besteht, muß es die Möglichkeit geben, auf die verwendete Anpassungsoperation Bezug zu nehmen. Hierzu dient der Operator '$CHANGE_OPERATION'. Dieser liefert den Bezeichner der benützten Änderungsoperation des Anpassungsdienstes als String. Der Operator '$CHANGE_OPERATION_PARAM' liefert den n.-ten Parameter der Änderungsoperation ebenfalls als String. Der erste Parameter wird mit n=1 zurückgegeben; überschreitet n die Zahl der Parameter der Anpasssungsoperation, wird der Leerstring "" zurückgegeben:

> <string_val> ::=   **$CHANGE_OPERATION**
>
> <string_val> ::=   **$CHANGE_OPERATION_PARAM (<int_val>)**

Als Teil der Vorbedingungen wurde ferner der Operator $EXTERNAL_QUERY zur Integration externer Programme angegeben. Hiermit sollen beispielsweise synchrone Rückfragen oder externe Prüfprogramme eingebunden werden können:

> <integrity rule> ::=   **$EXTERNAL_QUERY (<string>, <int_value>,**
> **<string_list>)**

Als erster Parameter wird der Bezeichner einer Anfrage übergeben. Um Verklemmungen bei der Auswertung der Verarbeitung des Ausdrucks zu verhindern, wird gewährleistet, daß dieser nach endlicher Zeit terminiert. Hierfür muß im zweiten Operand die maximale Ausführungsdauer der Abfrage in Sekunden angegeben werden. Terminiert die Anfrage nicht innerhalb dieser Zeit, wird sie abgebrochen. Der Operator gibt für diesen Fall den Wert 'false' zurück, ansonsten den Rückgabewert der boolschen Anfrage. Als weitere Operanden können Ausdrücke angegeben werden, deren Resultat vom Typ <string> ist. Diese Operanden werden dem externen Programm als Parameter übergeben, beispielse können dies der Name der Anpassungsoperation des Anpassungsdienstes oder der Name des Workflow-Bearbeiters sein.

3.4.2   Validierung der Modellierung der semantischen Integritätsregeln

Für zwei Anwendungsfälle, die bei der Ermittlung der Anforderungen untersucht wurden, sollen nun die entsprechenden semantischen Integritätsregeln modelliert werden, um die Sprache IRL_{sem} zumindest für diese Fälle auf genügend ausreichende Ausdrucksfähigkeit hin beurteilen zu können. Vorausgesetzt werden die in "Validierung der Anpassungsrechtemodellierung" auf Seite 49 modellierten Anpassungsrechte.

Anwendungsfall I: Für die Aktivität *WN_Bewerbungsfrist_abwarten* soll der Endtermin nur bis zu einer Grenze hin verlängert werden können. Die Grenze ist allerdings davon abhängig, welche Funktion der Bearbeiter für den Workflow hat.

Hierfür gelte das globale Datum 'DEADLINE' mit dem Wert "31/05/1999:16:00". Ferner soll für eine Abteilungsleiterin der Endtermin der Aktivität *WN_Bewerbungsfrist_abwarten* bis zu sechs Strunden vor dem 'DEADLINE'-Datum verzögerbar sein, für einen Sachbearbeiter nur bis zu zehn Tagen davor und für den Projektleiter soll es frei bestimmbar sein.

Für alle Workflow-Bearbeiter zeigen die Regeln ir_{I1} und ir_{I2} eine Konsistenzverletzung an, sobald nur eine davon überschritten ist. Allerdings hat die Abteilungsleiterin $\$Abtleiter_1$ mit dem Recht ar_{I1} die Möglichkeit, die Regel ir_{I2} so zu ändern. daß sie wieder erfüllt ist. Dies ist allerdings nur so lange möglich, wie auch die Regel ir_{I1} erfüllt ist. Für das Verschieben des letzten möglichen Endtermins der Aktivität über den Wert "31/05/1999:10:00" hinaus hat sie keine Berechtigung. Diese hat wiederum nur der Projektleiter, indem er mit der Berechtigung ar_{I2} die Regel ir_{I1} ändern oder gleich mit der Berechtigung ar_{I3} das 'DEADLINE'-Datum verschieben kann, ohne die Integritätsregeln anpassen zu müssen.

$ir_{11} = (lend < TIME\_SHIFT(DATAVALUE(DEADLINE), -0.25\,)$

$ir_{12} = (lend < TIME\_SHIFT(DATAVALUE(DEADLINE), -10\,)$

$ar_{11} = (IRA, ir_{12}\,,\, Update,\, true,\, \$Abtleiter_1,\, true)$

$ar_{12} = (IRA, ir_{11}\,,\, Update,\, true,\, \$Projektleiter,\, true)$

$ar_{13} = (IA,\, data.DEADLINE\,,\, Update,\, true,\, \$Projektleiter,\, true)$

Anwendungsfal VII: Die Aktivität K_a soll innerhalb des übergordneten Sequenz-Konstrukts K_r verschoben werden können. Dies muß allerdings durch Ausschneiden und Einfügen der Aktivität K_a erfolgen, da keine Verschiebeoperation zur Verfügung steht. Dabei soll sichergestellt werden, daß die Aktivität nach erfolgtem Löschen mit Sicherheit wieder eingefügt wird. Dies kann durch die semantische Integritätregel ir_{71} garantiert werden.

$ir_{71} = NODE\_EXISTS\,(\,K_a\,)$

Bewertung

Die spezifizierte Sprache IRL_{sem} kann, anders als die Sprache IRL_{struct}, nicht auf ausreichende Ausdrucksfähigkeit bezüglich ihres Einsatzgebiets hin untersucht werden. Denn im Vergleich zur statisch beschreibbaren strukturellen Integrität des Workflow-Modells WM_{WIM} sollten durch die Sprache IRL_{sem} grundsätzlich beliebig neue komplexe Aussagen über den Elementen des Workflow-Modells konstruierbar sein, um die semantischen Rahmenbedingungen eines beliebigen durch WM_{WIM} modellierbaren Workflows ausreichend beschreiben zu können. Diesen Anspruch erfüllt die Sprache IRL_{sem} mit Sicherheit nicht, da sie nur eingeschränkte Ausdrucksmittel der Prädikatenlogik 1. Stufe enthält und nicht alle Eigenschaften des Workflow-Modells bis in die kleinsten Details referenzieren läßt.

Allerdings bietet die Sprache die Möglichkeit, sich auf die meisten Eigenschaften des Workflow-Modells WM_{WIM} und systemnahe Faktoren[1] zu beziehen und diese mit einer reichhaltigen Menge an Operatoren in Verbindung zueinander setzen zu können. Zudem enthält sie einen eingeschränkten, auch mehrfach anwendbaren Allquantor und mehrere spezielle Existenzquantoren (NODE_EXISTS, DATA_EXISTS, etc.). Ob diese Mittel für die Praxis ausreichend wären, kann damit allerdings nicht bewiesen werden. Die mit der Sprache IRL_{sem}

---

[1]Dies sind Einflußgrößen, die nicht Teil des eigentlichen Workflow-Instanz-Modells sind, sondern Zugriff auf den Kontext der Anpassungssituation bieten. Die Namen der systemnahen Operatoren beginnen jeweils mit "$".

beschreibbaren Integritätsregeln scheinen allerdings in Verbindung mit den modellierbaren Anpassungsrechten ein ausreichend mächtiges Werkzeug zur sinnvollen Einschränkung von Anpassungen an Workflows in der Workflow-Sprache WM_{WIM} darzustellen.

4 Entwurf

Im letzten Kapitel wurden Sprachen zur Modellierung von Anpassungsrechten sowie strukturellen und semantischen Integritätsregeln spezifiziert, die als notwendiges Beschreibungsinstrumentarium für Mechanismen zur sinnvollen Einschränkung von Workflow-Anpassungen im Kontext von SWATS entwickelt wurden. Diese Sprachen wurden in das anpassungsfähige und flexible Workflow-Modell WM_{WIM} integriert, das durch den Workflow-Instance-Manager WIM für die Repräsentation von Workflow-Instanzen zur Verfügung gestellt wird.

Für die Interpretation der Sprachen und für eine geeignete Umsetzung der Kontrollen sowie den erforderlichen Einschränkungen von Anpassungen müssen, den Anforderungen und den entwickelten Konzepten entsprechend, bestehende Komponenten erweitert und neue entworfen werden. Die Erweiterungen sind im einzelnen:

1. Der Modification-Control-Manager (MCM) muß zum Einlesen und Interpretieren der Anpassungsregeln sowie deren Verifikation mit dem Anpassungskontext entworfen werden.

2. Für die Anpassungsschnittstelle des Workflow-Instance-Managers WIM muß transaktionale Funktionalität für die Bearbeitung von Workflow-Instanzen sichergestellt werden.

3. Die MCM-Komponente muß für das Einlesen und Interpretieren der strukturellen wie semantischen Integritätsregeln und deren Verifikation mit dem Workflow-Modell entworfen werden.

Zunächst soll die Entwurfsanforderung 2 für die Erweiterungen des Workflow-Intance-Managers umgesetzt werden. In einem Top-Down-Ansatz sollen dann die funktionalen Anforderungen 1 und 3 in einen objektorientierten Entwurf des Modification-Control-Managers einfließen.

4.1   Workflow-Instance Manager

4.1.1   Analyse der transaktionalen Funktionalität

Die Arbeitsdefinition für Konsistenz von Workflow-Modellen, die im letzten Kapitel durch Übertragung des Konsistenzbegriffs für Datenbanksysteme aufgestellt wurde, basiert auf der Annahme, daß Workflow-Anpassungen transaktional durchgeführt werden. Für Workflow-Anpassungen muß damit sichergestellt werden, daß sie nur durchgeführt werden dürfen, wenn sie im Sinne der strukturellen und semantischen Integrität, die anhand von Integritätsregeln überprüft werden kann, konsistenzerhaltend sind.

Die Implementierung transaktionaler Funktionalität ist Aufgabe der WIM-Komponente. Als Server-Komponente stellt sie über eine definierte Schnittstelle Funktionen zur Verfügung, die das Auslesen sowie Bearbeiten von Workflow-Informationen ermöglicht. Diese Komponente soll nun daraufhin überprüft werden, inwieweit deren implementierte transaktionale Funktionalität den ACID-Kriterien genügen.

Unteilbarkeit

Dieses Kriterium wird durch die WIM-Komponente erfüllt. Ihre Schnittstelle bietet drei Methoden, mit denen Transaktionen gestartet, beendet oder abgebrochen[1] werden können. Für Anpassungen, bei denen nicht explizit ein Starten der Transaktion vorausging, wird implizit eine Transaktion gestartet.

Um Änderungen komplett oder gar nicht durchführen zu können, dupliziert die Komponente den gesamten WM_{WIM}-Modellobjektbaum, der die zu ändernde Instanz repräsentiert. Bis zum Ende der Transaktion werden alle Änderungen auf der Kopie durchgeführt. Bei einem Rollback wird diese Kopie einfach gelöscht, bei einem Commit wird die Original-Instanz durch die Kopie ersetzt.

---

[1] Start_Transaction, Commit und Rollback

Konsistenz

Einige Konsistenzprüfungen werden bereits durch den bestehenden Entwurf des Objektmodells WM_{WIM} algorithmisch durchgeführt. Die Gewährleistung der Unversehrtheit des Modells durch Workflow-Anpassungen ist gerade Aufgabe der vorliegenden Arbeit und soll durch den Entwurf des Modification-Control-Managers erfolgen.

Isolation

Eine Anforderung dieses Kriteriums ist, daß Auswirkungen der Transaktionen irgendeiner seriellen Ausführungsreihenfolge entsprechen. Dieses wird "erreicht", indem nur ein Bearbeiter für eine Workflow-Instanz zugelassen wird. Wird ein Instanz-Modell durch einen Benutzer bearbeitet, wird die Instanz für alle anderen komplett gesperrt. Die Transaktion wird also nicht durch andere Bearbeiter gestört, allerdings nur deshalb, weil es keine anderen geben kann.

Dieses Vorgehen ist nötig, weil die Anpassungen an einem Modell auf einer kompletten Kopie erfolgen. Da kein Algorithmus zur Isolierung kleinerer Einheiten oder zur Protokollierung der internen Änderungsoperationen zur Verfügung steht, kann nur die gesamte Workflow-Kopie bei einem Commit übernommen werden. Die Serialisierung von parallelen Anpassungen, die das gesamte Datenmodell 'Workflow-Modell WM_{WIM}' durch die neue Versionen ersetzt, entspräche aber einem Überschreiben der Änderungen, die in vorherigen Transaktionen durchgeführt wurden, auch wenn diese andere Teilaspekte des Modells änderten.

Dauerhaftigkeit

Für Transaktionen durch den WIM nicht gewährleistet.

4.1.2 Erweiterung um eingeschränkte transaktionale Funktionalität

Die "transaktionale Funktionalität" des Workflow-Instance-Managers schützt zwar vor gleichzeitigem Bearbeiten ein und desselben Datums innerhalb eines Workflows, es ermöglicht aber nicht die parallele Bearbeitung anderer Daten für das gesamte Modell. Dies scheint auf den ersten Blick vertretbar zu sein, schließlich werden Workflow-Instanzen den Anforderungen zufolge eher selten und durch wenige Personen geändert.

Das Problem besteht allerdings darin, daß eine Workflow-Instanz bereits durch die normale Workflow-Ausführung vielen "Anpassungen" unterliegt. Da Workflow-Instanz-Modelle die Workflow-Schema-Definition und mindestens die zur Ausführung notwendigen Zustandsinformationen beeinhalten, unterliegen sie einer ständigen Änderung, solange der Workflow nicht angehalten ist.

Um echte Transaktionen implementieren zu können würde sich anbieten, die Repräsentation des objektorientierten Datenmodells 'Workflow-Modell WM_{WIM} mit Hilfe einer objektorientierten Datenbank umzusetzen, um deren transaktionale Fähigkeiten zu "erben". Da dies nicht der Fall ist, soll im folgenden ein Konzept für eine verbesserte Isolation der Anpassungen vorgestellt werden. Dieses läßt zumindest einen gewissen Grad an paralleler Anpassung von Workflow-Instanzen zu und erlaubt damit die Durchführung von Anpassungen durch mehrere Benutzer, ohne die Ausführung des Workflows komplett anhalten zu müssen.

Ziel ist es, nur die Teile des Workflow-Modells vor weiteren Änderungen zu sperren, die bereits innerhalb einer Transaktion geändert wurden. Dadurch können parallele Änderungen durchgeführt werden, wenn deren geänderten Bereiche sich nicht überschneiden. Je detaillierter die Auflösung der Informationsanteile des Workflows ist, umso seltener treten Verklemmungen auf.

Ansatz für dieses Konzept ist wiederum die aspektweise Sicht auf Workflow-Schemata. Da auch in den Entwurf des Workflow-Modells WM_{WIM} die Anforderung nach möglichst großer Modularität einging, kann man bereits Informationsanteile klassifizieren, die relativ isoliert voneinander sind. Dies sind eben die verschiedenen Aspekte.

Das Workflow-Modell WM_{WIM} besteht aus den zentralen Objekten 'SWATSProcess', 'struct-Node' und 'Template'. Für die Benennung der Attribute dieser Objekte sollen im folgenden die in der Sprache IRL_{sem} verwendeten Bezeichner benützt werden, um entsprechende Attribute und Objekte des Objektmodells nicht vorstellen zu müssen.

Die Konstruktknoten realisieren die funktionalen Einheiten. Zusammen mit der Verschachtelung zu einem Konstruktbaum beschreiben sie den funktionalen Aspekt des Workflows. Durch geeignete Typisierung (structtype) und eventuellen Bedingungen (condition) der inneren Kontruktknoten wird der Verhaltensaspekt des Workflows beschrieben. Entsprechend dem Verhaltensaspekt sind die Ausprägungen aller anderen Aspekte jeweils den Konstruktknoten

zugeordnet, beispielsweise für den organisatorische Aspekt das Attribut 'impl'. Eine Ausnahme bildet dabei lediglich der Informationsaspekt, da dieser auch globale Daten beschreibt
(data).

Alle Informationsanteile des Workflow-Modells WM_{WIM} sind somit mit wenigen Ausnahmen
als Objektattribute interpretierbar, die den Konstruktknoten assoziiert sind. Abbildung 4.1 verdeutlicht diese Aussage. Hierbei ist das Objektmodell aspektweise in Ebenen aufgeteilt. Die
Aufteilung ist so vorzunehmen, daß alle Ausprägungen eines Aspekts jeweils auf einer Ebene
zu finden sind. Die Projektion aller Ebenen ergibt das vollständige Workflow-Modell.

Zur graphischen Darstellung in Abbildung 4.1: Strukturknoten (sn) und Daten-Template (d)
sind jeweils dann grau dargestellt, wenn sie keine relevanten Informationen für die Aspektebene besitzen. Die Attribute der Objekte sind dann nur angedeutet.

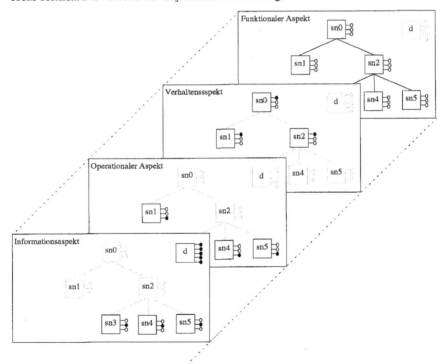

Abbildung 4.1:   Ausschnitt eines Objektbaums des Workflow-Modells WM_{WIM},
aspektweise in einzelnen Ebenen dargestellt.

Der Ansatz beruht darauf, Änderungen für jede Ebene und innerhalb dieser für jeden Knoten nur dann zuzulassen, wenn noch keine Änderungen in dieser Ebene für diesen Knoten oder einen seiner Unterknoten durchgeführt wurden. Ausnahme dabei ist die Ebene "Funktionaler Aspekt". Da diese die Strukur des Objektbaums beschreibt, müssen für sie strengere Einschränkungen gelten, um die Zuordnung der Ebenen nicht zu verlieren. Ist somit ein beliebiger Strukturknoten auf mindestens einer Ebene geändert, darf die funktionale Ebene ab diesem Knoten nicht mehr geändert werden; dies gilt auch umgekehrt.

Um nun parallele Änderungen realisieren zu können, darf nicht der gesamte Objektbaum B_i für die durchzuführenden Anpassungen repliziert werden, sondern nur ein möglichst kleiner Ausschnitt. Dies sollen pro Aspektebene möglichst kleine Unterbäume mit der Eigenschaft sein, daß zumindest an deren Wurzelobjekt Änderungen durchgeführt wurden.

Beispielsweise sind für Änderungen am operationalen (OpA) oder organisatorischen Aspekt (OrA) die replizierten Unterbäume $R_{i,1}$ und $R_{i,2}$ einelementig[1], da es sich bei den zu ändernden Konstrukten nur um Blätter (Aktivitäten) des Originalbaums B_i handeln kann. Für Änderungen am funktionalen Aspekt (FA) durch Löschen oder Hinzufügen von Konstruktknoten oder Ändern von Ausprägungen des Verhaltens- oder Integritätsaspekts kann dies ein Replikant $(R_{i,3})$ mit Unterknoten sein.

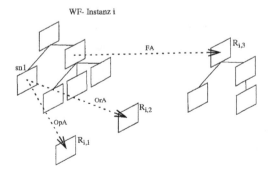

Abbildung 4.2:   Aspektweise Replikanten für Unterbäume

---

[1]Replizierte Unterbäume werden im weiteren Verlauf der Arbeit als Replikanten bezeichnet.

Da die Baumstruktur für alle Aspektebenen bzgl. dem geänderten Wurzelknoten gleich sein muß, ist es nicht nötog, daß bei Änderung von Attributen desselben Knotens auf verschiedenen Aspektebenen innerhalb einer Transaktion nicht jeweils ein eigener Replikant erzeugt zu werden. Stattdessen kann von diesem Knoten für mehrere Aspektebenen auf einen Replikant verwiesen werden, da die Informationsanteile pro Ebene per Definition disjunkt sind. Würden im Beispiel aus Abbildung 4.2 am Knoten *sn2* Änderungen an Ausprägungen des operationalen und organisatorischen Aspekts innerhalb derselben Transaktion durchgeführt, dann wäre ein einzelner Replikant ausreichend; finden die Änderungen in verschiedenen Transaktionen statt, sind die in Abbildung 4.2 dargestellten Replikanten $R_{i,1}$ und $R_{i,2}$ notwendig.

Die Notierung der geänderten Aspektebenen muß im Originalbaum für jeden Konstruktknoten erfolgen. Ferner muß von jedem Knoten auf seine Replikanten verwiesen werden. Die entsprechende Erweiterung des StructNode-Objekts wird in Abbildung 4.3 dargestellt. Die Erweiterungen für die Objekte 'SWATSProcess' und 'Template' sehen entsprechend aus und werden zur Vereinfachung der Skizzierung des Algorithmus vernachlässigt.

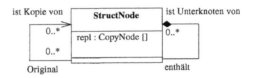

Abbildung 4.3:   Erweiterung des Strukturknoten-Objekts 'StructNode'.

Der Datentyp CopyNode enthält die eindeutige Transaktionsnummer innerhalb der die Anpassung durchgeführt wurde, einen Bezeichner für die Aspektebene sowie einen Zeiger auf den replizierten Baum des Konstruktknotens. Dabei können Zeiger des Arrays 'repl' auf denselben Replikanten verweisen.

Mit diesen Voraussetzungen soll der Algorithmus für die Realisierung von Änderungen innerhalb von Transaktionen kurz skizziert werden.

Transaktionsstart

Es ist lediglich eine eindeutige Transaktionsnummer *t* zu erzeugen.

Rollback

Es sind alle Replikanten und sämtliche Verweise auf die Replikanten aus dem Originalbaum für die Transaktion t zu löschen. Danach ist die Transaktionsnummer t freizugeben.

Abbildung 4.4:   Die Aktivität 'Rollback'

Commit

Ist die Konsistenz des neuen Modells durch Überprüfung der strukturellen und semantischen Integritätsregeln durch den Modification-Control-Manager nicht gewährleistet, wird das Commit abgelehnt; die Transaktion bleibt allerdings erhalten. Dadurch können, um eventuelle Konsistenzverletzungen zu beseitigen, am Objektmodell WM_{WIM} weitere Änderungen vor einer erneuten Commit-Anfrage durchgeführt werden.

Ist die Konsistenz bestätigt, sind die Informationsinhalte aller Replikanten, die innerhalb der Transaktion angelegt wurden, in den Originalbaum einzutragen. Hierzu müssen für alle Aspektebenen, außer der funktionalen, jeweils die Attribute der Konstruktobjekte aus den Replikanten, die der entsprechenden Aspektebene angehören, in das eindeutig entsprechende Konstruktobjekt des Originalbaums übertragen werden. Wurde ein Replikant zur Zwischenspeicherung von Anpassungen der funktionalen Ebene angelegt, kann dieser komplett seinen entsprechenden Unterbaum des Originalbaums ersetzen, da per Definition keine weiteren Replikanten zu diesem Unterbaum existieren können.

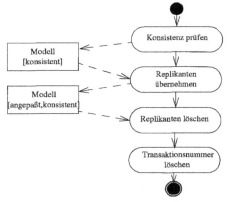

Abbildung 4.5:   Die Aktivität 'Commit'

Danach sind alle noch existierenden Replikanten der Transaktion t mit entsprechenden Verweisen zu löschen und die Transaktionsnummer t freizugeben.

Einzelanpassung

Beim Durchführen der Einzelanpassungen werden die Replikanten erzeugt, um die Anpassungen auf ihnen durchzuführen. Vor Durchführen der tatsächlichen Anpassung müssen die entsprechenden Anpassungsrechte des Workflow-Bearbeiters überprüft werden. Ferner muß geklärt werden, ob diese Anpassung im Sinne des Replikations-Algorithmus noch möglich ist. Für diesen Fall wird der entsprechende Replikant angelegt oder ein bestehender übernommen und in diesem die Anpassung vollzogen.

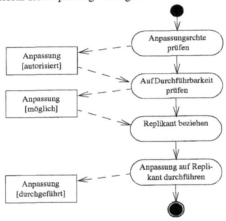

Abbildung 4.6:   Die Aktivität 'Einzelanpassung'

Auf Durchführbarkeit prüfen

Für die angestrebte Anpassung muß bestimmt werden, welchen Aspektebenen entsprechend Änderungen am Konstruktknoten K durchgeführt werden sollen; für jede bestimmte muß die Überprüfung stattfinden. Es sei V die Menge der Knoten, die Vorgänger von K sind. Es sei ferner N die Menge der Knoten, die Unterknoten (Nachfolger) von K sind. Die Menge VK sei $V \cup K$; die Menge NK sei $N \cup K$. Bei der Überprüfung sind zwei Fälle zu unterscheiden:

Für den Fall, daß es sich um eine Anpassung der funktionalen Aspektebene handelt, darf kein Replikant für eine andere Aspektebene für einen Knoten aus *VK* oder *NK* existieren. Ferner darf die Anpassung nur durchgeführt werden, wenn höchstens ein Replikant für die funktionale Aspektebene für einen Knoten aus *VK* oder *NK* für die Transaktion *t* existiert.

Für den Fall, daß es sich um eine Anpassung einer nicht funktionalen Aspektebene handelt, muß überprüft werden, daß noch kein Replikant für die funktionale Aspektebene für einen Knoten aus *VK* oder *NK* existiert. Ist dies erfüllt, darf die Anpassung nur erfolgen, wenn für einen Knoten der Mengen *VK* oder *NK* noch kein Replikant für die zu ändernde Aspektebene durch eine andere Transaktion angelegt wurde.

Replikant beziehen

Voraussetzung für diese Aktivität ist, daß die angestrebte Anpassung durchführbar ist. Die Aktivität 'Replikant beziehen' erstellt Replikanten oder liefert einen bereits existierenden zurück.

Hierfür muß überprüft werden, ob bereits ein Replikant für den Knoten K in der Menge VK für die Transaktion t besteht. Wenn ja, kann dieser Replikant zurückgeliefert werden. Wenn nicht, wird der Replikant erstellt. Dabei ist für alle bereits existierenden Replikanten zu prüfen, ob es sich um einen Replikanten für einen Knoten aus der Menge V handelt. Die aspektspezifischen Daten dieser Replikanten sind in den neu erzeugten Replikanten einzutragen und danach zu löschen.

4.1.3   Erweiterung der Schnittstelle

Der Workflow-Instance-Manager bietet u.a. die Schnittstellen 'SWATSServer.SWATSApationAPI' und 'SWATSServer.SWATSInformationAPI' an [Hofm98]. Beide werden vom Workflow-Editor benützt, um Workflow-Instanzen auszulesen, darzustellen und eventuell durchzuführende Anpassungen des Modells anzustoßen.

Über die Methode 'loadWorkflow()' der Informationsschnittstelle kann ein gesamter Workflow ausgelesen werden. Rückgabewert war bisher eine Kopie der angeforderten Workflow-Instanz.

Bei einer Implementierung der transaktionalen Funktionalität, wie sie skizziert wurde, muß diese Methode dahingehend angepaßt werden, daß keine Kopie des Originalbaums zurückgegeben wird, da ansonsten sämtliche Replikate mit übergeben würden und der Originalbaum durch den Workflow-Editor als unverändert interpretiert würde.

Stattdessen muß eine Kopie des Originalprozesses ohne Replikanten angelegt werden. In diese Kopie müssen die in der Transaktion geänderten Daten, die sich in den transaktionsspezifischen Replikanten des Originalbaums finden, eingetragen werden. Diese Kopie wird als Ergebnisobjekt der Anfrage übergeben. Die zurückgegebene Workflow-Instanz unterscheidet sich also für jede Transaktion abhängig von den darin durchgeführten Anpassungen.

Die Methode 'endAdaptions' der Anpassungsschnittstelle wird zum Abschluß einer Anpassungssequenz verwendet. Diese Methode muß dahingehend angepaßt werden, daß sie die Funktionalität der spezifizierten Commit-Aktivität bietet. Entsprechend der Commit-Akvitität kann die Beendigung der Transaktion abgelehnt werden, wobei die Transaktion bestehen bleibt. Im Falle eines nicht möglichen Abschlusses der Transaktion enthält der Rückgabewert eine Liste der Integritätsregeln, die bei der Überprüfung der Konsistenz des Workflows nicht erfüllt sind.

4.2 Modification-Control-Manager

Bei der Erweiterung des Workflow-Instance-Managers um transaktionale Elemente wurden bereits die Aktivitäten sichtbar, die der neu zu entwerfende Modification-Control-Manager für die sinnvolle Einschränkung von Workflow-Anpassungen in Zusammenarbeit mit dem Workflow-Instance-Manager durchzuführen hat. Dies war zum einem die Aktivät 'Anpassungsrechte prüfen', welche das Einlesen und Interpretieren der Anpassungsrechte sowie deren Verifikation mit dem Anpassungskontext vor jeder Einzelanpassung durchzuführen hat. Zum anderen war es die Aktivität 'Konsistenz prüfen', die das Einlesen und Interpretieren der strukturellen wie semantischen Integritätsregeln zu implementieren hat, um anhand dieser das entsprechende Workflow-Modell der zu ändernden Workflow-Instanz zu überprüfen.

Diese Aktiviäten 'Anpassungsrechte prüfen' und 'Konsistenz profen' sollen im folgenden verfeinert werden, um dabei ein geeignetes Objektmodell für den Modification-Control-Manager zu entwerfen.

4.2.1 Verifikation von Anpassungsrechten

Die Aktivität 'Anpassungsrechte prüfen' wird vor jeder einzelnen Anpassung durchgeführt, um die Berechtigung des Workflow-Bearbeiters für die von ihm angestrebte Anpassung anhand der im Modell definierten Anpassungsrechte zu überprüfen.

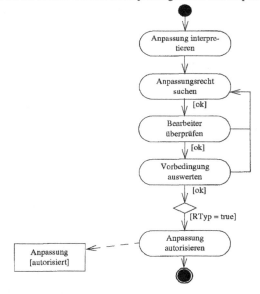

Abbildung 4.7:   Die Aktivität 'Anpassungsrechte prüfen'

Anpassungen interpretieren

Die spezifizierte Anpassungsrechtemodellierung sieht die Autorisierung von elementaren Änderungsoperationen auf abstrakten Modelleigenschaften, den Aspekten und ihren Ausprägungen vor. Diese Elementaroperationen entsprechen allerdings nicht den komplexen Anpassungsoperationen, die vom Workflow-Instance-Manager durch die SWATSAdptionsAPI-Schnittstelle bereitgestellt werden, um Änderung auf einer Workflow-Instanz durchführen zu können. Für die Überprüfung der Anpassungsrechte ist somit eine Abbildung zwischen den

Schnittstellen-Operationen des WIM und den abstrakten Modelleigenschaften der Anpassungsrechte sowie den dafür definierten Elementaroperation notwendig. Diese Abbildung erfolgt durch die Aktivität 'Anpassung interpretieren'. Resultat ist eine Liste von abstrakten Modelleigenschaften und Elementaroperationen, die durch die Anpassungsoperation verändert werden soll. Eine abstrakte Modelleigenschaft mit jeweiliger Elementaroperation wird im folgenden 'MetaModelAdaption' genannt; die Liste dieses Typs wird 'MetaModelAdaptionList' genannt. Einige Abbildungen zwischen Anpassungsoperationen und abstrakten Modellmodifikationen finden sich im Anhang (siehe Seite 114).

Zur Vereinfachung des Aktivitätsdiagramms in Abb. 4.7 wird davon ausgegangen, daß nur für eine Elementaroperation des Typs MetaModelAdaption überprüft werden muß, ob hierfür ein Anpassungsrecht für den Bearbeiter vorliegt. Tatsächlich kann aber eine Anpassungsoperation des Workflow-Instance-Managers mehrere abstrakte Modeleigenschaften modifizieren, weshalb die MetaModelAdaptionList nicht unbedingt einelementig sein muß. Ist die Liste nicht einelementig, muß für jedes Element die Anpassungsberechtigung überprüft werden. Nur für den Fall, daß dies für alle Elemente gelingt, darf die Anpassung autorisiert werden.

Anpassungsrechte suchen

Zur Verifikation der Anpassungsrechte muß der Modification-Control-Manager Zugriff auf deren Definitionen im Modell haben. Die Aktivität 'Anpassungsrecht suchen' liefert für den Konstruktknoten, an dem die Änderungen durchgeführt werden, die Rechtedefinitionen. Wird kein Recht gefunden, das den Eigenschaften der abstrakten Modelländerung entspricht, werden die Vorgänger des Knotens bis zur Wurzel nach entsprechenden Rechten abgesucht. Wird für eine abstrakte Modelländerung kein notwendiges Recht im Modell gefunden, wird die Autorisierung sofort abgelehnt. Kann ein entsprechendes Recht für die durchzuführende abstrakte Modelländerung gefunden werden, sind weitere Bedingungen zu erfüllen und entsprechend sicherzustellen.

Bearbeiter überprüfen

Neben den Eigenschaften des Modells ist vor allem die Identität des Bearbeiters entscheidend für deren Autorisierung. Hierzu muß der Workflow-Bearbeiter in der Menge von Agenten enthalten sein, die durch das 'Role'-Attribut beschrieben sind.

Die Abbildungen werden durch den Organization-Manager gekapselt. Entsprechend bietet dieser eine CORBA-Schnittstelle, mit Hilfe derer bestimmt werden kann, ob ein Agent Mitglied einer Menge ist, die durch eine spezielle Rolle beschrieben wird. Damit kann anhand der Kennung des Workflow-Bearbeiters überprüft werden, ob er Mitglied der durch 'Role' beschriebenen Menge von Agenten ist. Ist das Ergbenis negativ, kann die Überprüfung der gefundenen Rechtedefinition abgebrochen und mit der eventuell nächsten gefundenen fortgefahren werden.

Zur Optimierung dieser Verifikation werden die Ergebnisse der Abfragen an den Organization-Manager zwischengespeichert. Nur für den Fall, daß ein 'Role'-Attribut noch nicht ausgewertet wurde, wird eine entsprechende Anfrage an den Organisation-Manager gestellt.

Vorbedingungen auswerten

Da für die Vorbedingungen Ausdrücke der Sprache IRL_{sem} verwendet werden, kann die Vorbedingung entsprechend einer semantischen Integritätsregel in der Aktivität 'Semantische Integritätsregel auswerten' überprüft werden.

Anpassung autorisieren

Wurden entsprechend den abstrakten Modellmodifikationen definierte Anpassungsrechte gefunden, die den Benutzer autorisieren und ferner die Vordingungen erfüllen, muß noch der 'RTyp' des Anpassungsrechts überprüft werden. Ist dieser boolsche Wert nicht erfüllt, handelt es sich um kein Recht zur Änderung, sondern um ein Verbot. Für diesen Fall wird die Überprüfung abgebrochen und die Anpassung nicht erlaubt. Ist RTyp erfüllt, so kann für die abstrakte Modellmodifikation in der Liste 'MetaModelAdaptionList' eine Autorisierung notiert werden.

Nur für den Fall, daß im Verlaufe der Überprüfung alle Elemente dieser Liste als autorisiert markiert werden, gibt der Modification-Control-Manager die beantragte Änderungsoperation frei.

Klassenmodellierung

Die identifizierten Aktivitäten und deren Funktionalität sollen nun durch entsprechende Klassen abgebildet werden.

Der zentrale Vorgang, die Workflow-Anpassung, wird durch eine eigene Klasse (Adaption) repräsentiert. Diese dient zur Übergabe der Anpassungsoperation und deren Parameter an die Modification-Control-Manager-Komponenten. Mehrere Anpassungen können innerhalb einer Transaktion (Transaction) durchgeführt werden.[1] Ein 'Adaption'-Objekt enthält ferner einen Verweis auf ein Konstruktobjekt, relativ zu dem die Anpassungen durchgeführt werden soll; für Anpassungen an globalen Daten enthält es stattdessen einen Verweis auf das Prozeßobjekt.

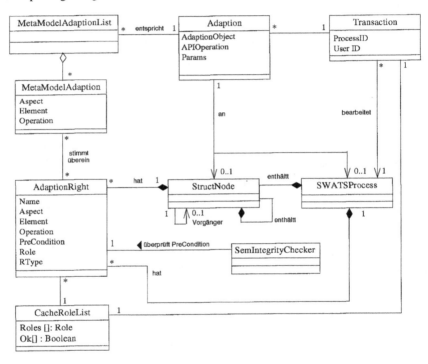

Abbildung 4.8: Klassen zur Verifizierung von Anpassungsrechten

Für die Repräsentation der abstrakten Modellmodifikationen werden die bereits eingeführten Klassen MetaModelAdaption und MetaModelAdpationList verwendet. Das Listenobjekt erzeugt anhand des Apadtion-Objekte entsprechende MetaModelAdaption-Objekte.

[1] Als Nebeneffekt könnten die 'Adaptions'-Objekte als Historie für eine Anpassungssequenz innerhalb einer Transaktion betrachtet werden. Dadurch wäre mit Hilfe des vorgestellten Replikationsalgorithmus sehr leicht Undo-Funktionalität für den Workflow-Instance-Manager zu implementieren: Für die zurückzunehmenden Anpassungen müssen lediglich die entsprechenden Replikanten gelöscht werden.

Die bereits in der Spezifikation eingeführte AdaptionRight-Klasse bildet die Rechtetupeln ab. Ein Objekt dieser Klasse, die Teil des Workflow-Modells ist, wird durch die Aktivität 'Anpassungsrechte suchen' entsprechend den Eigenschaften des MetaModelAdaption-Objekts ermittelt.

Das Objekt 'CacheRoleList' realisiert den Zugriff auf den Organization-Manager und die Zwischenspeicherung der Ergebnisse, die innerhalb einer Benutzersitzung ermittelt werden.

4.2.2 Konsistenzsicherung

Die Aktivität 'Konsistenz prüfen' ist elementarer Teil der Commit-Aktivität. Nur wenn die Konsistenz des Workflow-Modells gewährleistet ist, darf die Anpassungssequenz, die innerhalb der Transaktion durchgeführt wurde, abgeschlossen und damit in das Modell übertragen werden. Diese Aktivität soll nun weiter verfeinert werden.

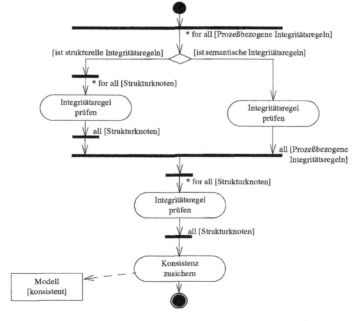

Abbildung 4.9:   Die Aktivität 'Konsistenz prüfen'

Entsprechend der Konzeption und Spezifikation können sowohl strukturelle als auch semanti-sche Integritätsregeln an das SWATSProcess-Objekt des Workflow-Modells assoziiert sein. Die beiden Integritätstypen werden, wie später zu sehen ist, durch die gleiche Klasse abgebil-det, da für Ausdrücke der strukturellen Integritätsregeln die Sprache IRL_{sem} verwendet wird. Dies ist lediglich eine Vereinfachung der Implementierung und keine Einschränkung, da die möglichen Ausdrücke der Sprache IRL_{struct} Teilmenge der möglichen Ausdrücke von IRL_{sem} sind.

Obwohl für beide Integritätsregelarten die gleiche Sprache implementiert wird, müssen sie trotzdem noch unterscheidbar sein, da strukturelle Integritätsregeln entsprechend der Konzep-tion auf alle Strukturknoten angewendet werden müssen; semantische hingegen nicht. Durch die Aktivität 'Konsistenz prüfen' werden somit zuerst alle am SWATSProcess-Objekt assozi-ierten Integritätsregeln überprüft. Handelt es sich um strukturelle Integritätsregeln, werden alle im Modell enthaltenen Konstruktknoten anhand dieser auf Konsistenz überprüft.

Nachdem alle global assoziierten Integritätsregeln überprüft wurden, müssen alle lokal an den Konstruktknoten assoziierten Regeln verifiziert werden. Dabei kann es sich nur um semanti-sche Integritätsregeln handeln, weshalb keine Unterscheidung erfolgt.

Konsistenz zusichern

Nur wenn alle Integritätsregeln keinen Widerspruch mit dem Zustand des Workflow-Modells ergeben, wird die Konsistenz für das Modell garantiert. Um nicht alle Integritätsregeln über-prüfen zu müssen, wird folgendes Optimierungsverfahren verwendet:

Strukturelle Integritätsregeln wurden sehr modular nach Aspekten analysiert und in der Spra-che IRL_{sem} modelliert. Aus diesem Grund kann im Gegensatz zu semantischen Regeln für die strukturellen leicht bestimmt werden, welche Anpassungen die Überprüfung gewisser Regeln erforderlich machen wird. Da bei der Rechteprüfung eine Abbildung der Anpassungsoperatio-nen auf abstrakte Modelleigenschaften stattfindet, kann für die Dauer einer Transaktion "sum-miert" werden, welche Aspekte des Modells geändert wurden. Somit kann durch die strikte aspektweise Trennung der strukturellen Integritätsregeln, abgesehen von den Abhängigkeiten zum funktionalen Aspekt für allen anderen Aspekten, die Überprüfung der Regeln auf genau die Aspekte eingeschränkt werden, die geändert wurden. Wurden Änderungen an funktionalen Aspektanteilen durchgeführt, müssen alle Integritätsregeln überprüft werden.

Durch dieses Vrfahren lassen sich viele Integritätsprüfungen umgehen; vorausgesetzt es werden nicht allzuviele Anpassungen unterschiedlicher Natur innerhalb einer Transaktion durchgeführt. Dies ist besonders dann von Vorteil, wenn nicht die aufwendig zu überprüfenden strukturellen Abhängigkeiten für den Zustandsaspekt zur Sicherung der Ablaufsemantik des Workflows durchgeführt werden müssen.

Integritätsregel prüfen

Innerhalb der Schleifen der Akvitität 'Konsistenz prüfen' wird für jede gefundene Regel die Aktivität 'Integritätsregel prüfen' verwendet. Diese Aktvität wird durch das Objekt 'SemIntegrityChecker' implementiert, das die Ausdrücke der Sprache IRL_{sem} auswertet und mit dem Modell vergleicht.

Klassenmodellierung

Die identifizierten Aktivitäten und deren Funktionalität sollen nun durch Klassen abgebildet werden.

Die in der Spezifikation modellierten Klassen 'SemIntegrity' und 'StrctIntegrity' werden wie bereits erwähnt durch eine einzige Klasse modelliert. Diese enthält die Eigenschaft 'Type', welche anzeigt, ob ein Objekt dieser Klasse eine strukturelle bzw. semantische Regel repräsentiert. Ferner enthält sie die Eigenschaft 'Description', welche zur Aufnahme eines Textes zur Beschreibung der Regel dient. Dieser kann als einführender Text vor der eigentlichen Integritätsregelbeschreibung für Fehlermeldungen zur umgangssprachlichen Beschreibung der Integritätsverletzung verwendet werden. Die Eigenschaft 'AspectType' dient zur Klassifikation struktureller Integritätsregeln nach Aspekttyp, damit zur Umsetzung des Optimierungsverfahrens nicht die Regeln interpretiert werden müssen, um den entsprechenden Aspekttyp zu bestimmen.

Anhand dieser Eigenschaft und dem Objekt 'MetaAdaptions' kann die Integritätsprüfungskomponente 'SemIntegrityChecker' bestimmen, ob sie eine Integritätsregel wirklich überpüfen muß. Zur Überprüfung verwendet sie die Objekte 'SemLexer' und 'SemParser', die zur besseren Übersichtlichkeit in Abb. 4.10 nicht dargestellt sind. Diese zerlegen eine Integritätsregel in Operatoren und Bezeichner. Das Objekt 'SemMetaObject' ermittelt für die Bezeichner die entsprechende Modelleigenschaften und liefert deren Werte in einem Typ der Sprache *IRL*$_{sem}$ zurück. Die Werte werden durch das Objekt 'SemIntegrityChecker' entsprechend den Operatoren verknüpft.

Das Objekt 'MetaAdaptions' sammelt seine Informationen zu geänderten Aspekttypen innerhalb der Transaktion bei der Durchführung von Anpassungen. Bei einer durch die Rechteprüfung autorisierten Anpassung erhält dieses Objekt Nachrichten vom Objekt 'MetaModelAdaptionList' zu den durch die Anpassung geänderten Aspekttypen.

Der gesamte Vorgang der Konsistenzprüfung wird, angestossen durch das Transaktions-Objekt, durch das Objekt 'ConsistencyChecker' gesteuert.

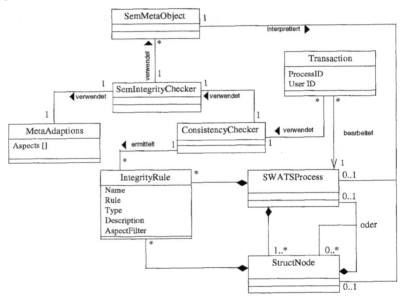

Abbildung 4.10: Klassen zur Verifizierung von Integritätsregeln

4.2.3   Komponentenentwurf und Realisierung

Die entwickelten Klassen werden abschließend bzgl. ihrer funktionalen Abhängigkeiten zu Komponenten zusammengefaßt und mit Schnittstellen versehen. Für bereits existierende Komponenten, wie dem Workflow-Instance-Manager werden nur neu entworfene Klassen notiert.

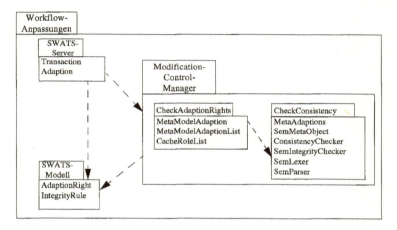

Abbildung 4.11: SWATS-Komponenten zur Anpassung von Workflow-Instanzen unter Berücksichtung von Anpassungsrechten und Gewährleistung der Workflow-Modell-Konsistenz

Die Klassen zur Verifikation von Rechtetupeln und Integritätsregeln sind zu den Komponenten 'CheckAdaptionsRights' und 'CheckConsistency' zusammengefaßt. Diese stellen folgende Schnittstellen zu Verfügung:

CheckAdaptionRights.BeginTransaction(Object transaction)

Dient zur Initialisierung der Komponente für neu gestartete Transaktion. Diese muß bei Beginn jeder Transaktion durch den Workflow-Instance-Manager aufgerufen werden. Hierbei werden beispielsweise die Objekte 'MetaAdaption' und 'CacheRoleList' reinitialisiert.

bool AuthorizeAdaption(Object Adaption)

Dieses Methode implementiert die Aktivität 'Anpassungsrechte prüfen'.

bool CheckConsistency(Object Transaction)

Dieses Methode implementiert die Aktivität 'Konsistenz prüfen'.

Implementierung

Der Workflow-Instance-Manager ist prototypisch in Java implementiert. Dieser Prototyp läßt nur die Anbindung eines Workflow-Editors zu, weshalb nur eine Workflow-Instanz gleichzeitig bearbeitet werden kann. Aus diesem Grund wird auf eine verteilte Implementierung des Modification-Control-Managers verzichtet. Stattdessen werden dessen Komponenten als weitere Pakete des Workflow-Instance-Managers in Java implementiert, wodurch diese für die Prüfungen direkten Zugriff auf das Workflow-Modell erhalten.

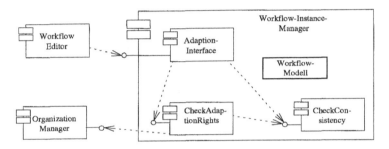

Abbildung 4.12: Verteilung der Komponenten

5 Zusammenfassung

Derzeitige Workflow-Management-Systeme schreiben meist immer noch eine strikte zeitliche Trennung und Abfolge von Modellierung- und Ausführungphase vor, was auf die Ursprünge der Entwicklung von Workflow-Management und deren Motivation zurückgeht. Versuche, Workflow-Management-Systeme auch in anderen Bereichen zur Ausführung von Geschäftsprozessen einzusetzen, stoßen auf die Schwierigkeit, daß viele Prozesse nicht vollständig stukturiert sind. Dies bedingt, daß diese nur mit erheblichem Mehraufwand oder im schlimmsten Fall unvollständig oder überhaupt nicht modelliert werden können, um durch ein Workflow-Management-System ausgeführt werden zu können. Bei der Behandlung aller bekannten Ausnahmesituationen kann sich die Modellierung zu teuer und unübersichtlich gestalten.

Ferner können auch bei der Ausführung eines völlig strukturierten Workflows unvorhergesehene Ausnahme- oder Fehlersituationen auftreten, beispielsweise können sich Rahmenbedingungen ändern, die noch während der Modellierungsphase als feste Größe angesehen wurden oder sich Elemente der Workflow-Beschreibung als falsch oder unzweckmäßig herausstellen.

Neben einer möglichst flexiblen Workflow-Beschreibungssprache, kann die Lösung der Problematik nur in der Aufbrechung der strikten klassischen Trennung von Modellierungs- und Ausführungsphase liegen. Sind auch noch während der Ausführung eines Workflows Modifikationen an seiner Beschreibung möglich, kann auf Fehlersituationen entsprechend reagiert oder können unstrukturierte Anteile aus- bzw. remodelliert werden.

Diese dynamischen Anpassungen an Workflows bieten nun die Möglichkeit, die Differenz zwischen Ist- und Soll-Beschreibung eines Workflows zu minimieren; andererseits bergen sie aber auch die Gefahr, diese Differenz noch zu vergrößern. Anhand eines typischen Beispiels für einen Prozess aus dem Bereich der öffentlichen Verwaltung werden Anwendungsfälle untersucht, um spezielle Andorderungen für die Kontrolle und Einschränkung solcher dynamischen Anpassungen zu erarbeiten. Dies erfolgt unter Berücksichtigung bestehender Anforderungen an Workflow-Modelle und Systeme. Als weitere Einflußfaktoren werden das zu erweiternde SWATS-Workflow-Management-System und dessen flexiblen und anpassungsfähigen Workflow-Modell berücksichtigt.

Die im Workflow-Modell bereits ansatzweise umgesetzte Modellierung von Anpassungsrechten werden in der bestehenden Form nicht übernommen. Stattdessen wird ein anderer Ansatz der Rechtemodellierung vorgeschlagen, der eine möglichst exakte Abgrenzung zwischen den Anpassungsrechten einerseits sowie Konsistenz und Integritätsbedingungen andererseits ermöglichen soll. Ferner sieht er eine datenzentrierte und nicht operationszentrierte Modellierung vor, um die Rechte zur Anpassung des Workflow-Modells möglichst unabhängig von konkreten Schnittstellen oder Komponenten des Systems modellieren zu können. Über Vorbedingungen können weiterhin systemnahe Einflußfaktoren bei der Rechtemodellierung berücksichtigt werden.

Durch eine Abbildung des Konsistenzbegriffs für Datenmodelle aus dem Forschungsbereich Datenbanksysteme, wird eine Arbeitsdefinition gegeben, anhand derer die Konsistenz von Workflows "gemessen" werden kann. Mit Hilfe dieser Definition kann für einen Workflow dann Konsistenz sichergestellt werden, wenn für diesen strukturelle wie semantische Integrität gewährleistet ist. Hierzu müssen für ein Datenmodell 'Workflow-Modell' strukturelle wie semantische Integrität untersucht, spezifiziert und in einer geeigneten Sprache beschreibbar sein, um durch ein Workflow-Management-System verifiziert werden zu können.

Dies erfolgt für das SWATS-Workflow-Modell. Nach einer Analyse der strukturellen Abhängigkeiten, die für das Modell gelten, wird eine geeignete Sprache zur Beschreibung dieser Abhängigkeiten entworfen und spezifiziert. Mit Hilfe dieser werden die ermittelten Abhängigkeiten des Modells als strukturelle Integritätsregeln formalisiert.

Die semantische Integrität eines Workflows kann als Menge von Forderungen per Regeln oder Restriktionen umschrieben werden, die für die Miniwelt des durch den Workflow modellierten Geschäftsprozesses erfüllt sein sollen. Nach Erörterung der anzustrebenden "Ausdruckskraft" einer Sprache zur Beschreibung semantischer Bedingungen, wird die Sprache zur Beschreibung struktureller Integritätsbedingungen für das SWATS-Workflow-Modell um entsprechende Elemente erweitert.

Zur Umsetzung der Konzepte und Spezifikationen zur sinnvollen Einschränkung von Workflow-Anpassungen anhand beschreibbarer Anpassungsrechte und Integritätsregeln werden für den Anpassungsdienst des Workflow-Management-Systems SWATS Erweiterungen entworfen. Dabei werden eingeschränkte transaktionale Funktionalität als Voraussetzung der Kontrollmechanismen für den Anpassungsdienst entworfen.

Im Anschluß daran erfolgt der Entwurf des Modification-Control-Managers, der die Funktionalität zur Interpretation und Verifikation der Anpassungsrechte und Integritätregeln zu implementieren hat.

Abschließend werden die Objektmodelle in geeignete Komponenten zerlegt und deren Verteilung diskutiert.

A Anhang

A.1 Notationsübersicht

A.1.1 Diagramme

Die in dieser Arbeit verwendete Notation für die Darstellung von Anwendungsfall-, Klassen-, Aktivitäts-, Komponenten- und Verteilungsdiagrammen entspricht den Vereinbarung der UML (Unified Modeling Language), Version 1,2 [Oes98].

A.1.2 Prozeßbeschreibung mit dem 'Process Definition Model'

Prozesse müssen als Workflow-Schemata in PDL vorliegen, um von der HP Changeengine interpretiert und damit ausgeführt werden zu können. Das 'Process Definition Model' (PDM) ist ein formales graphisches Modell zur Beschreibung von Prozeßdefinitionen. Dieses erlaubt u.a. die Visualisierung des Kontrollflusses eines Prozesses als Graph, der in der 'Process Definition Language' (PDL) vorliegt. PDL und PDM sind Teil des HP Changeengine-Pakets [HP97].

Das Modell besteht aus Knoten, die durch gerichtete Kanten verbunden sind.

Knoten sind entweder Aktivitäten (activities), die durch die Rechtecke repräsentiert werden, oder Entscheidungsknoten (decisions). Die Knoten werden durch Kanten (arcs) verbunden. Jeder Knoten muß einen einen eindeutigen Namen tragen.

Die Aktivitäten stellen elementare Ausführungseinheiten dar; jede besitzt genau eine Eingangs- und eine Ausgangskante. Die Entscheidungsknoten dienen dazu, den Kontrollfluß, den sie zusammen mit den Kanten repräsentieren, aufzuteilen bzw. wieder zu vereinen.

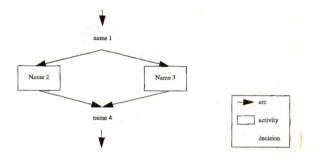

Abbildung 1.1: 'Process Definition Model' (PDM)

A.2 Spezifikation der Sprache *IRL*_sem

A.2.1 Bezeichner von Modelleigenschaften

Bezeichner	Typ	Modelleigenschaft bezgl eines Kontrukts (Typ: 'Struct-Node')
nodecount	Integer	Anzahl der Unterknoten bezüglich einem Kontrukt
structtype	String	Konstrukttyp. Beispiele: 'ACTIVITY', 'SEQUENCE'
inputlist.elementcount	Integer	Zahl der Daten in der Leseliste für Aktivitäten.
outputlist.elementcount	Integer	Zahl der Daten in der Schreibliste für Aktivitäten.
inputlist.element(<X>)	String	Liefert den x-ten Bezeichner aus der Leseliste als String
outputlist.element(<X>)	String	Liefert den x-ten Bezeichner aus der Schreibliste als String
role	String	Liefert den Inhalt des Attributs 'Role' des Objekts 'ACTIVITY', das zur Beschreibung der organisatorischen Aspekte einer Aktivität dient.
impl	String	Liefert den Inhalt des Attributs 'implstr' des Objekts 'ACTIVITY', das zur Beschreibung der operationalen Aspekte einer Aktivität dient.
node(<X>).	StructNode	Liefert das x.-te Unterkonstukt eines Kontrukts als Typ StructNode zurück. Dadurch können für das referenzierte Kontrukt dessen weitere Eigenschaften referenziert werden.Exisitert das referenzierte Konstrukt nicht, wird ein ausgezeichneter Nullwert zurückgegebn.
name	String	Der Name eines Kontrukts
condition	String	Liefert die Definition der Bedingung.
state	String	Liefert den Status eines Konstrukts.
estart	Date	Frühester Soll-Starttermin einer Aktivität
lstart	Date	Spätester Soll-Starttermin einer Aktivität
eend	Date	Frühester Soll-Endtermin einer Aktivität
lend	Date	Spätester Soll-Endtermin einer Aktivität
start	Date	Ist-Starttermin einer Aktivität
end	Date	Soll-Starttermin einer Aktivität

Abbildung 1.2: Bezeichner für Objekte und deren Attribute des Workflow-Modells *WM*_WIM in den Integritätsregeln

A.2.2 Syntax

<integrity rule> ::=   (<expression>)

```
                            | <integrity rule>  AND  <integrity rule>
                            | <integrity rule>  OR  <integrity rule>
                            | NOT <integrity rule>
                            | <integrity rule>  ->  <integrity rule>

<integrity rule> ::=    DATA_EXISTS (<string_val>)

<integrity rule> ::=    FORALL ( <id>, <start_int>, <end_int>, <integrity rule> )

<integrity rule> ::=    CHECK_AR_INTEGRITY

<integrity rule> ::=    NODE_EXISTS (<string>)

<integrity rule> ::=    PRECESSOR (<string>, <string> )
                        | PERHAPS_PRECESSOR ( <string>, <string> )

<integrity rule>  ::=   ISININPUTLIST( <string> )
                        | ISINOUTPUTLIST ( <string> )

<integrity rule>  ::=   ISINROLELIST( <string> )

<integrity rule>  ::=   AREXISTS( <string> )

<integrity rule>  ::=   IREXISTS( <string> )

<integrity rule>  ::=   $EXTERNAL_QUERY ( <string>, <int_value>,
                         <string_list>)

<expression> ::=        <string_val> = <string_val>
                        | <int_val> [= | > | >= | <= | < ] <int_val>

<expression> ::=        <string_val> ISIN ( <string_list> )

<expression> ::=        <date_val> [= | > | >= | <= | < ] <date_val>

<string_val> :=         <model_string> | <String>

<string_val> ::=        DATATYPE( <STRING> )

<string_val> ::=        $CHANGE_OPERATION

<string_val> ::=        $CHANGE_OPERATION_PARAM ( <int_val> )

<string_val> ::=        $ROLE_EDITOR | $ROLE_AGENT | $ROLE_ADMIN
                        | $DESIGNER

<int_val> ::=           <model_integer> | <Integer>

<int_val> ::=           Length ( <string_val> )

<model_string> ::=      [<node>]<model_str>

<model_integer> ::=     [<node>]<model_int>

<model_date> ::=        [<node>]<model_dt>
```

<model_str> ::=	**structtype | inputlist.element (<integer>)**
	| outputlist.element (<integer>) | role | impl
<model_int> ::=	**nodecount | inputlist.elementcount | outputlist.elementcount**
<model_dt> ::=	**estart | lstart | eend | lend | start | end**
<node> ::=	**node (<integer>). [<node>].**
<node> ::=	**<string>. [<node>]**
<string_list> ::=	**<string_val> [, <string_list>]**
<id> ::=	**<string>**
<start_int> ::=	**<model_integer>**
<end_int> ::=	**<model_integer>**
<int_val> ::=	**ADD(<model_integer> | <Integer>)**
<string> ::=	**<date>**
<date> ::=	**<dd>/<mm>/<yyy>[<hr>:<min>[:<secs>]]**
<date_val> :=	**<model_date> | <date>**
<date_val> ::=	**TIME_SHIFT (<date_val>, <float>)**
<date_val> ::=	**$NOW**
<float> ::=	**[.]<integer>[.<integer>]**

<int_val>\|<date_val>\|<float>\|<string_val> ::= DATAVALUE(<string>)

A.3   Abbildung zwischen Anpassungsoperationen und abstrakten Modellmodifikationen

Abstrakte Modellmodifikationen werden als Tupel (Aspekt, Aspektausprägung, Elementar-operation) dargestellt. Bezeichner für Aspektyp und Aspektausprägung entsprechen den Definitionen in Kapitel "Anpassungsrechteaspekt" auf Seite 39. Die Anpassungsoperationen sind Teil der SWATSServer.SWATSAdaptionAPI-Schnittstelle. Die für die Abbildung nicht relevanten Parameter werden in der Tabelle nicht dargestellt. Ferner werden nur einige Operationen abgebildet.

Anpassungsoperation	Beschreibung	abstrakte Modellmodifiktionen (ModelAdaption)
nodeAbort(,,nodeName)	Zurücksetzen eines Konstrukts	(ZA, ,Update)
nodeRepeat(,,nodeName)	Wiederholtes Ausführen des Konstrukts	(ZA, ,Update)
nodeReset(,,nodeName)	Wiederholtes Ausführen des Konstrukts	(ZA, ,Update)
structAddSequential(,,,,newNode,)	Paralleles Hinzufügen eines neuen Konstrukts	(FA, newNode, Insert)
structAddRow(,,,newNode)	Hinzufügen eines neuen Konstrukts in eine Reihe	(FA, newNode, Insert)
structAddCondition(,,,newNode)	Hinzufügen eines neuen Konstrukts als bedingte Verzweigung	(FA, newNode, Insert)
structDeleteFromParallel(,,,which-Name)	Löschen in einer Parallelverzweigung	(FA, whichName, Delete)
structDeleteFromSequence(,,,which-Name)	Löschen eines neuen Kostrukts aus einer Sequenz	(FA, whichName, Delete)
ruleAddRule(,,ruleName,)	Hinzufügen einer Pfadbedingung in ein Konstrukt 'WHILE' oder 'CONDITION'	(VA, condition.rulename, Insert)
documentAdd2DocFlow(,,,,)	Ändern des Informationsflusses durch Ändern der Ein-, Ausgabelisten einer Aktivität	(IA, inputlist, Update), (IA, outputlist, Update)
documentDelFromDocFlow(,,document)	Löscht ein Datum aus dem Informationsfluß und aus dem Template-Objekt	(IA, data.document, Delete)
nodeChangeRole(,,,newRole)	Ändern der Rollenzuordnung	(ORGA, newRole, Insert)
activityDelegate(,,,newPerson,)	Delegation des Konstrukts	(ORGA, newPerson, Update)
structDataChange(,,,sname,,)	Ändern der definierbaren Zeitpunkte	(TA, sname, Update)
changeData(,,dataName,)	Ändern eines Datums aus Template	(IA, data.dataName, Update)

Abbildung 1.3: Abbildung zwischen Anpassungsoperationen und abstrakten Modellmodifikationen

Literatur

[Blum98]   E. Blum: *Reimplementierung eines Workflow Editors für das Internet*
           Diplomarbeit, Universität Stuttgart, Fakultät Informatik,
           Stuttgart 1998

[CuKeOv92] B. Curtis, M.I. Kellner, J. Over: *Process Management*
           Communications of the ACM, 35:9, S.75-90,
           September 1992

[Day90]   U. Dayal, M. Hsu, R. Ladin: *Organizing Long-Running Activities with Triggers
           and Transactions*
           Proceedings ACM SIGMOD International Conference on Management of Data,
           Atlantic City, NJ, May 1990

[GrRe94]   J. Gray, A. Reuter: *Transaction Processing: Concepts and Techniques*
           Morgan Kaufman Publishers, 3. Auflage
           1994

[Hofm98]   R. Hoffmann: *Entwicklung eines anpassungsfähigen Workflow-Modells für
           SWATS*
           Diplomarbeit Nr. 1573, Universität Stuttgart, Fakultät Informatik,
           Stuttgart 1998

[Holl94]   D. Hollingsworth: *Workflow Management Coalition - The Workflow Reference
           Model*
           Document TC00-1003 Issue 1.1
           Workflow Management Coalition
           (http://www.aiai.ed.ac.uk/WfMC),
           November 1994

[HP96a]   *Enterprise Process Management - ,Montana'*
           External Specification v1.13.
           Hewlett-Packard Corporation,
           Oktober 1996

[HP96b]   *Enterprise Process Management - ,Montana'.*
           Developers Guide & Technical Reference v1.6.
           Hewlett-Packard Corporation,
           Oktober 1996

[HP97]   *HP Process Manager. Process Definition Model and Language*
           Edition 1.0
           Hewlett-Packard Corporation,
           1997

[Jab et. al. 97] S. Jablonski, M. Böhm, W. Schulze (Hrsg.): *Workflow-Management: Entwick-
           lung von Anwendungen und Systemen*
           dpunkt-Verlag,
           Heidelberg 1997

[Jabl95]   S. Jablonski: *Workflow-Management-Systeme - Modellierung und Architektur*
           Thomson Publishing,
           1995

[JK97]   S. Jajodia, L. Kerschberg: **Advanced Transaction Models and Architectures**
           Kluwer Academic Publishers,
           1997

[Kim95]   W. Kim (Ed.): *Modern Database Systsms: The Object Model, Interoperability, and
           Beyond*
           Addison Wesley, Reading, MA,
           1995

[Krat86]   K. Kratzer: *Komponenten der Datenverwaltung in der Büroorganisation*
           Dissertation, Arbeitsberichte des IMMD, Friedrich-Alexander-Universität,
           Band 19, Nr. 10,
           Erlangen-Nürnberg 1986

[LeAl94]   F. Leymann, W. Altenhuber: *Managing buisness processes as an information
           resource*
           IBM Systems Journal, Vo. 33 (1994), No. 2,
           1994

[Lip89]   U. Lipeck: *Dynamische Integrität von Datenbanken: Grundlagen der Spezifikation
           und Überwachung*
           Springer;
           Berlin 1989

[LoMa78]   P.C. Lockemann, H.C. Mayr: *Rechnergestützte Informationssysteme*
           Springer Verlag,
           Berlin, Heidelberg 1978

[MeDu93]   Meyers Lexikonverlag: *Duden Informatik: ein Sachlexikon für Studium und Praxis*
           Dudenverlag, 2. Aufl.,
           Mannheim, Leibzig, Wien, Zürich 1993

[Meye88]   B. Meyer: *Object-oriented Software Construction*
           Prenetice Hall, Englewood Cliffs,
           1988

[NasHil94] L. Nastansky, W. Hilpert: *The Groupflow System: A scalable Approach to Work-
           flow Managament between Coorperation and Automation*
           Technischer Bericht, Universität Paderborn,
           Paderborn 1994

[Oes96]   B. Oestereich: *Objektorientierte Softwareentwicklung: Analyse und Design mit der
           Unified Modeling Language*
           R. Oldenbourg Verlag München, 4. Aufl.
           München 1998

[Ott96]   A. Ott: *Modellierung von Rechten zur Anpassung von Workflows*
           Studienarbeit Nr. 1569,
           Universität Stuttgart, Fakultät Informatik,
           Stuttgart November 1996

[PagSix94] B.-U. Pagel, H.-W. Si.: *Software engineering*
Addison-Wesley,
1994

[Poli97] *Telekooperation - POLIKOM*
bmb+f Förderinitiative Telekooperation
(http://www.gmd.de/IBE/bmbf/polikom),
1997

[Reu92] A. Reuter: *Informationssysteme/Datenbanksysteme*
Scriptum zur Vorleseung Informationssysteme/Datenbanksysteme im Wintersemester 92/93 an der Universität Stuttgart
Stuttgart 1992

[RuSh94] M. Rusinkiewicz, A. Sheth: *Specification and Execution of Transactional Workflows*
Addison-Wesley. In [Kim95].

[RSS97] A. Reuter, K. Schneider, F. Schwenkkreis: *ConTracts Rivisited*
Chapter 5 in [JK97]

[Rumb91] Rumbaugh et al.: *Object Modelling Technique*
1991
in G. Bakker/H. Enting/K.Nieuwenhuys: *OMT Object Model*
University of Twente, Department of Computer Science
(http://wwwedu.cs.utwente.nl)
Februar 1996

[Sieb95] R. Siebert: *Verbundprojekt PoliFlow, Anpassungsfähige Workflow-Systeme, Zwischenbericht 12/95. Anpassungsfähige Workflow-Systeme*
Poliflow-Zwischenbericht, Universität Stuttgart, IPVR,
Stuttgart Dezember 1995

[Sieb96] R. Siebert: *Informationen zum Verbundprojekt Poliflow. Arbeitsbereich Anpassungsfähige Workflow-Systeme*
Projektinformation, Universität Stuttgart, IPVR,
Stuttgart April 1996

[Sieb97] R. Siebert: *Adaptive Workflows im Verbundprojekt Poliflow*
Universität Stuttgart, IPVR
Schmalkalden Oktober 1997

[Sieb98] R. Siebert: *An Open Architecture for Adaptive Workflow Management Systems*
Universität Stuttgart, IPVR,
Stuttgart 1998

[Wede88] H. Wedekind: *Grundbegriffe verteilter Systeme aus der Sicht der Anwendung*
Informationstechnik it, Band 30, Heft 4,
1988

[WFMC94]Workflow Management Coalition: *The Workflow Reference Model*
Document Number TC00-1003
November 1994

Erklärung

Ich versichere hiermit, daß ich diese Arbeit selbständig verfaßt und nur die angegebenen Hilfsmittel verwendet habe.

Thomas Herzberger

Diplomarbeiten Agentur

Die Diplomarbeiten Agentur vermarktet seit 1996 erfolgreich
Wirtschaftsstudien, Diplomarbeiten, Magisterarbeiten, Dissertationen
und andere Studienabschlußarbeiten aller Fachbereiche und Hochschulen.

Seriosität, Professionalität und Exklusivität prägen unsere Leistungen:

- Kostenlose Aufnahme der Arbeiten in unser Lieferprogramm
- Faire Beteiligung an den Verkaufserlösen
- Autorinnen und Autoren können den Verkaufspreis selber festlegen
- Effizientes Marketing über viele Distributionskanäle
- Präsenz im Internet unter **http://www.diplom.de**
- Umfangreiches Angebot von mehreren tausend Arbeiten
- Großer Bekanntheitsgrad durch Fernsehen, Hörfunk und Printmedien

Setzen Sie sich mit uns in Verbindung:

Diplomarbeiten **Agentur**
Dipl. Kfm. Dipl. Hdl. Björn Bedey –
Dipl. Wi.-Ing. Martin Haschke ––––
und Guido Meyer GbR ––––––––

Hermannstal 119 k ––––––––––
22119 Hamburg ––––––––––

Fon: 040 / 655 99 20 ––––––––
Fax: 040 / 655 99 222 ––––––––

agentur@diplom.de ––––––––––
www.diplom.de ––––––––––